Ad Dekkers

Ich bin, der ich war

Ad Dekkers

Ich bin,
der ich war

Erinnerungen verarbeiten und
bewältigen durch Meditation

Verlag Urachhaus

Aus dem Niederländischen von Agnes Dom-Lauwers

Die niederländische Originalausgabe erschien unter dem
Titel *Weten wie je bent* bei Uitgeverij Vrij Geestesleven
in Zeist.

ISBN 3-8251-7260-0

Erschienen 1999 im Verlag Urachhaus
© 1999 Verlag Freies Geistesleben &
Urachhaus GmbH, Stuttgart
© 1997 Uitgeverij Vrij Geesteslevn, Zeist/Niederlande
Umschlag: René Magritte, La reproduction interdite
© VG Bild-Kunst, Bonn 1999,
Druck: WB-Druck, Rieden

Inhalt

Vorwort 7

Einige Beispiele am Anfang 11

Mit Erinnerungen umgehen 23

Spontane Erinnerungen 31

Traumatische Erinnerungen 37

Persönliche Unterschiede je nach Temperament 46

Meditativer Umgang mit Erinnerungen 50

Erinnerung und Lebenslauf 57

Umgang mit inneren Bildern:
Was habe ich wirklich erlebt? 59

Gewohnheiten als Kräfte im Menschen 61

Die frühesten Einflüsse auf den Menschen:
Wie erlebe ich mein Ich? 67

Epilog: Erinnerung und Gewissen 79

Anmerkungen 86

Vorwort

Im Leben eines Psychotherapeuten nehmen Erinnerungen, sowohl seine eigenen als auch die seiner Patienten, einen wichtigen Platz ein. Die eigenen Erinnerungen bilden das am Leichtesten zugängliche ›Studienmaterial‹. Auch ich habe meine persönlichen Erinnerungen als Studienobjekt benutzt, wobei sich herausstellte, dass ich manche Ansicht, die ich über Erinnerungen hatte, revidieren musste.

Ich musste allmählich lernen, dass für jede Altersstufe die ihr entsprechenden Fragen formuliert werden müssen. Jedes Lebensalter besitzt nun einmal einen eigenen Charakter, der sich einem nur dann offenbart, wenn man die richtigen Fragen stellt. Weil bei einem neun- bis zehnjährigen Kind z.B. die Motorik so deutlich im Vordergrund steht, muss man für dieses Alter auf jeden Fall die Beziehung des Kindes zur Bewegung berücksichtigen. Handelt es sich dagegen um ein kleineres Kind, dann muss man eher dem nachgehen, welchen charakteristischen Ausdruck die Bewegungen der Erzieher haben.

Durch diese Arbeit wurde es außerdem möglich,

mir einen Zugang zu den unbewussten ›Erinnerungen‹ der ersten Lebensjahre zu verschaffen. Diese treten meistens nicht in Gestalt von Bildern auf, die man vor seinem geistigen Auge vorbeiziehen sieht, denn dafür sind sie zu eng mit der eigenen Persönlichkeit verwoben.

Auch wurde mir in zunehmendem Maße die Bedeutung von denjenigen Erinnerungen klar, die nicht direkt mit Personen, weder den eigenen Eltern noch anderen Menschen, zu tun haben. Mindestens ebenso groß ist der Einfluss von nicht personengebundenen Faktoren in der früheren Umgebung, z.B. die Wohnverhältnisse, die tausend Sonnenuntergänge, die man erlebt hat, die Haustiere, die Weise, wie in der Schule der Lehrstoff vermittelt wurde, oder die damalige politische Lage.

Ich entdeckte, dass bestimmte Erinnerungen nicht immer das sind, was sie zu sein vorgeben. Ich stieß bei mir selbst auf Erinnerungen an negative Erlebnisse in der Grundschule, von denen ich immer meinte, dass sie ständig vorgekommen wären. Als ich mich aber auf diese Art Erinnerungen konzentrierte, konnte ich sie nicht auf sich regelmäßig wiederholende, zählbare Situationen zurückführen. Es war einfach nicht möglich, sie in einzeln stattfindende Begebenheiten zu zerlegen. Im günstigsten Fall konnte ich herausfinden, dass sie ›ziemlich oft‹ stattgefunden hatten. Die Kräfte, die von diesen Erinnerungen seit ihrer Entstehung ausgehen, sind aber unverkennbar.

Auch wusste ich eine Sache mit großer Sicherheit, nämlich, dass sich während meiner Kindergartenzeit ein schrecklicher schockartiger Vorfall ereignet hatte. Aber durch wiederholte, unvoreingenommene Beschäftigung mit diesen Erinnerungen lernte ich, dass Angst der wirkliche Vater, also der Ursprung dieser Erinnerung gewesen war.

Ich merkte, dass bestimmte Erinnerungen, wenn ich sie hegte, meine Entwicklung förderten, während andere, die ich genauso pflegte, mir gar nicht gut bekamen.

Ich möchte hier zwei Menschen nennen, die meine Auffassungen tiefgehend beeinflusst haben. Von J.L. Moreno habe ich über sein ›Psychodrama‹ gelernt, dass es bereichernd sein kann, Erinnerungen mit großer Lebendigkeit und einer Vielfalt an Einzelheiten heraufzubeschwören.[1] Rudolf Steiners Werk wiederum hat mir die Augen geöffnet für die Entwicklungsmöglichkeiten, die in den Erinnerungen beschlossen liegen.

Während meiner Arbeit mit Menschen, die sich mir anvertrauten, wurde mir deutlich, dass viele mit ihren Erinnerungen sehr ungeordnet umgehen und dass isolierte und unvollständige Erinnerungen immer auf eine falsche, wenig fruchtbare Umgangsform mit Erinnerungen hinweisen.

In den Therapien, aber auch in den Workshops, die ich zusammen mit meiner Frau Henriette abgehalten habe, konnte ich erleben, dass die Ideen Rudolf Steiners in der Praxis fruchtbar angewandt werden können, sowohl bei der Lösung von konkreten Lebensproblemen als auch bei der Entwicklung einer neuen, fruchtbaren Zukunftsperspektive. Diese Erfahrungen liegen dem vorliegenden Buch mit zugrunde.

Einige Beispiele am Anfang

Erinnerungen verlangen glücklicherweise im Allgemeinen wenig Aufmerksamkeit von uns. Zum
Glück erinnere ich mich nicht jedesmal beim Lesen
eines Buches, wie ich mich zwischen meinem fünf-
ten und neunten Lebensjahr mit dem ABC vertraut
gemacht habe. Ebenfalls zu meinem Glück erinnere
ich mich nicht mehr, in welcher Reihenfolge ich die
verschiedenen Handgriffe des Sich-Selber-Anzie-
hens gelernt habe. Diese sind zu selbstverständlichen, nützlichen Gewohnheiten geworden, die als
ebenso viele Muster in die Bewegungen meiner Augen und Glieder hineinverwoben sind. Während ich
diese Handlungen ausführe, kann ich ruhig an etwas
anderes denken. Die tausendundeine Leseübstun-
den der Grundschule sind zu einem einzigen Erinne-
rungsstrom geworden. Sie schafften die Grundlage
für meine spätere Lesefähigkeit – wenn alles nach
Wunsch gelaufen ist. Die zahllosen Unterrichts-
stunden habe ich ›verinnerlicht‹. Sie machten mich
zu dem Leser, der ich jetzt bin. Warum sollte ich an-
gestrengt versuchen, sie in die Erinnerung zurückzurufen oder herauszufinden, was, wie und ob ich
überhaupt etwas verinnerlicht habe?

11

Neben diesen Erinnerungen, die nur noch als ein einheitlicher Strom im Gedächtnis leben und sich in bestimmten Fähigkeiten niedergeschlagen haben, gibt es auch Erinnerungen, die ihren ursprünglichen Erinnerungscharakter beibehalten haben. In der Vergangenheit wurden Begebenheiten, die in der Außenwelt stattfanden, von mir wahrgenommen. Die Erinnerungen daran stehen mir jetzt in dem Augenblick zur Verfügung, den ich selbst bestimme.

Wir wollen uns hier mit dem Erinnern-Lernen befassen und nicht mit dem Vergessen, wie wichtig letzteres auch sein mag, wie bereits aus dem Vorangegangenen hervorgeht. Beide Fähigkeiten bringen auf ihre Weise die menschliche Entwicklung vorwärts.

Im Allgemeinen erinnere ich mich als Mensch weniger an das, was ich ›veräußerlicht‹ habe, d.h. an die Auswirkungen meines Handelns, an die Folgen meines Daseins, als an das, was ich ›verinnerlicht‹ habe. Höchstens bei einem Jubiläum, einem Abschied oder beim Tod eines Menschen sehen wir uns veranlasst, auf dessen Tätigkeit, auf die Früchte seines Wirkens zurückzublicken. Innere Bilder ziehen an unserem geistigen Auge vorbei. Wir erinnern uns an das, was durch diese Person möglich oder vielleicht auch unmöglich geworden ist, kurz wir überblicken seine ›Hinterlassenschaft‹. Zum Glück braucht ein Mensch nicht auf eine solche Gelegenheit zu warten, um auf sein bisheriges Schaffen zurückzublicken. Wer will, kann sich jetzt schon einen Eindruck der Wirkung verschaffen, die er auf seine direkte persönliche Umgebung, seine Arbeitsstätte oder sogar auf die Qualität des sozialen Netzwerkes ausübt.

Tritt bei einem Menschen ein Problem auf, so wird er mit allerlei Fragen über sich selbst konfrontiert: Wie ist dieses Problem entstanden? Was bedeutet das für mich? Sollte ich mich mit diesen Schwierigkeiten abfinden oder muss ich etwas an mir ändern? Hat dieses Problem schon immer in meinem Leben eine gewisse Rolle gespielt? Habe ich irgendwann in der Vergangenheit die Fähigkeit zur Lösung dieses Problems entwickelt? Sind meine Denkart und mein Verhalten Produkte der Erziehung oder haben sie sich in Freiheit gebildet? Sind etwa Zwangsvorstellungen, Ängste oder Gefühle der Abneigung auch mit im Spiel? All diese Fragen zwingen mich dazu, mich mit meinen Erinnerungen zu beschäftigen. Gehe ich bei dieser Untersuchung sorgfältig vor, dann werde ich danach mehr darüber wissen, wer ich eigentlich bin. Auch wird mir vielleicht deutlicher werden, wo meine Aufgaben liegen. Vielleicht muss ich Trümmer beseitigen oder lernen, mit Emotionen umzugehen, die mich zu überwältigen drohen. Vielleicht warten auch noch schlummernde Fähigkeiten darauf, entwickelt zu werden, oder ich muss mich an neue Einsichten dem Leben gegenüber herantasten.

Erinnerungen führen oft ein Eigenleben. Sie können uns bedrängen oder sich vor uns verschanzen und verstecken. Sie können sich in der jetzigen Situation als schädlich erweisen, während sie vielleicht positiv wirken, wenn sie in eine andere Umgebung hineingestellt werden. Sie tauchen auf und verschwinden wieder in für den Betrachter unbegreiflichen Lebensrhythmen; es gibt den Rhythmus von Tag und Nacht und den Rhythmus im Jahreskreislauf, auch im menschlichen Lebenslauf gibt es eine rhythmische Gliederung, nämlich den Siebenjahresrhythmus.

Es gibt bestimmte Zeitpunkte im Leben, die als eine Art Angelpunkte für die Erinnerungen funktionieren, woraus sich ›Spiegelungen‹ ergeben, und zwar nach ebensovielen Jahren, als die Erfahrungen, die sie spiegeln, vor dem Angelpunkt liegen. Charakteristische Angelpunkte sind das 21. und das 35. Lebensjahr. Womöglich haben sich in der Zwischenzeit die zumeist schmerzhaften Erinnerungen zu anderen oder neuen Beschwerden metamorphosiert, die in den meisten Fällen bis ins Körperliche hineinwirken und dadurch noch weniger erkennbar sind.

Betrachten wir einige Beispiele. Zunächst möchte ich am Beispiel einer Frau zeigen, wie sich ständig wiederholende Erfahrungen zu einer Fähigkeit oder Grundhaltung verdichten können. Durch die Auseinandersetzung mit diesen Erinnerungen wurde ihre Selbsterkenntnis gesteigert.

Eine junge Mutter von drei Kindern schaut sich gerne einen guten Film an. Noch lieber möchte sie die Bücher lesen, die den Stoff zu diesen Filmen lieferten. Aber sie kommt einfach nicht dazu. Häufig versucht sie abends im Bett noch zu lesen, aber sie schläft bereits über dem ersten Abschnitt ein. ›Wenn die Kinder größer sind‹, meint sie, ›wird es mir schon gelingen.‹ Die Kinder werden etwas größer, aber noch immer schafft sie es nicht. ›Wenn alle im Haushalt mithelfen‹, denkt sie, ›werde ich Zeit zum Lesen haben.‹ Zusammen mit ihrem Partner wird also ein Arbeitsplan für die Familienmitglieder aufgestellt. Aber auch das hat nicht den gewünschten Erfolg. Sie wird immer gereizter und missmutiger wegen der ungelesenen Bücher. Nun entschließt sie sich, diesem Unvermögen auf den Grund zu gehen. Warum gelingt es ihr seit Jahren nicht, das, was sie so gerne möchte, auch wirklich zu tun? Die unzähligen vergangenen Stunden, an die sie sich zu erinnern versucht, hüllen sich zunächst in Nebel. Nach einer gewissen Zeit entdeckt sie, dass in der Schulzeit in ihr die Gesinnung lebte, dass ›lesen etwas ist, was man ausschließlich in der Schule für einen Test, eine Prüfung oder für die Abschlussarbeit macht. Lesen‹, fällt ihr schlagartig ein, ›sollte immer nützlich sein. Niemand sollte aus Spass lesen. Nur Taugenichtse, reiche Leute und Künstler können sich einen solchen Zeitvertreib erlauben.‹

Sie sieht wieder vor sich, wie sie als Kind und junges Mädchen die Menschen in ihrer Umgebung in unermüdlicher Betriebsamkeit erlebte und wie von ihr erwartet wurde, dass auch sie sich jahrein jahraus auf diesem Strom des nützlichen Tuns mitbewegte. Und sie erinnert sich auch, wie sie jahrelang ihr eigenes Vorhaben, ein Buch zu lesen, ›auf später, wenn die Arbeit fertig sein wird‹ verschob. Die zahllosen Stunden des fleißigen Schaffens entwickelten in ihr die grundsätzliche Fähigkeit, immerzu die Arbeit in Angriff zu nehmen, die gerade ansteht und das, was sie eigentlich gerne machen möchte, auf später zu verschieben. Als die Frau sich dieses Mechanismus bewusst wird, entschließt sie sich, eine neue Fähigkeit zu entwickeln, nämlich unverzüglich das zu tun, was ihr Freude macht.

Am nächsten Beispiel möchte ich zeigen, wie eng die Verbindung zwischen Erinnerung und Gewissen ist.

Ein Elternpaar ist vom Ergebnis des psychologischen Tests der Tochter, die in die erste Klasse geht, erschüttert. Man hat bei ihr Schlafstörungen, Hyperkinese und Konzentrationsschwierigkeiten festgestellt, die womöglich auf neurologische Ursachen zurückzuführen sind. Was könnte hier vorliegen? Zeit, um darüber nachzudenken, haben die Eltern nicht, denn beide arbeiten zu so unterschiedlichen Zeiten, dass sie sich kaum sehen. Mittels straffer Planung schaffen sie es dennoch, eine Anzahl Termine mit Spezialisten auszumachen. Einer dieser Berater stellt den Eltern die Frage: ›Von wem kann das Mädchen lernen, ruhig zu sitzen und zu spielen, wer bringt ihr bei, sich Zeit zu nehmen zum Essen, zum Erzählen, was tagsüber alles passiert ist, zum Zudecken ihrer Puppe und ihrer Kuscheltiere oder eben um nur kurz noch etwas Wichtiges zu sagen?‹ Die Worte stimmen den Vater nachdenklich; zwei Bilder tauchen aus seinem Innern auf, die ihrer Ähnlichkeit wegen fast zusammenfließen. Das erste Bild ist ein Erinnerungsbild. Er sieht, wie er selbst den ganzen Tag von einem zum anderen hetzt, ständig am telefonieren und organisieren ist. Das zweite ist auch ein Erinnerungsbild: seine Tochter, lauthals um seine Aufmerksamkeit kämpfend, läuft hinter ihm her, stört ihn immer wieder beim Telefonieren und findet deshalb nicht die nötige Ruhe zum Spielen. Ist die Unruhe seiner kleinen Tochter vielleicht seiner eigenen Unruhe ähnlich? Er erschrickt beim Gedanken, dass sein Verhalten die psychischen Probleme seines Kindes mit verursacht hat. Tief bestürzt nimmt er sich vor, seinem Kind zuliebe mehr Ruhe in seine Lebensführung hineinzubringen.

Im folgenden Beispiel geht es um einen älteren Mann, der sich viel an Lebensfreude entgehen lässt, indem er bestimmte wertvolle Erinnerungen nicht gepflegt hat.

Seine Grundstimmung ist von Trübsinn geprägt. So weit sein Gedächtnis zurückreicht, wurde ihm im Leben nichts geschenkt. Niemals hat sich jemand über ihn gefreut oder sich auf seine Seite gestellt. Um sich vor weiteren seelischen Verletzungen zu schützen, hat er sich immer mehr zurückgezogen. Seine Frau und Kinder mussten sich notgedrungen damit abfinden. Schließlich führte die Seelenstimmung der tiefsten Gottverlassenheit zu einer schweren Depression; er wurde arbeitsunfähig geschrieben und geriet immer mehr in die soziale Isolation. In dieser Phase erreichte ihn der Bericht, dass eine entfernte Tante im Sterben lag und ihn – ihn? – noch einmal sehen wollte, bevor sie aus dem Leben scheidet. Er überlegte lange, fand aber im Archiv seiner Erinnerungen nichts, was mit dieser Tante zusammenhängen könnte. Er stöberte vergeblich in alten Fotoalben herum; er befragte die Verwandten, aber auch diese wussten nichts – es wusste ja sowieso niemand etwas über ihn. Wie er auch sein scheinbar einseitig ausgerichtetes Gedächtnis anstrengen mochte, es schien nur eine einzige Art Erinnerung in sein Gedächtnis eingebrannt zu sein: ›Niemand interessiert sich für dich.‹ Aber für diese eine Tante schien er doch zu zählen. Wann und wo hat sie ihm Interesse entgegengebracht und wie zeigte sie das? Die Zeit drängte. Ohne jegliche Erinnerung an seine Tante gefunden zu haben, suchte er sie auf. Als er nun das alte Gesicht vor sich sah, stiegen Bilder auf, die lange verschwunden waren: Postkarten, die sie geschrieben hatte, Taschengeld, das er für sein Zeugnis bekam, einen gemeinsamen Gang zum Spielplatz. Auch Worte, ja ganze Sätze erklangen wieder in ihm: ›Wann besuchst du mich?‹ ›Wir müssen mal was zusammen unternehmen.‹ ›Du hast aber ein tolles Zeugnis.‹ Es regte sich etwas in ihm. Das Gold, das ihm damals dargereicht wurde, liegt ja noch unangerührt da. Er hat sich niemals bei ihr bedankt, ihre kostbaren Gaben hat er ein Leben lang ignoriert.

An einem nächsten Beispiel möchte ich zeigen, wieviel Mühe es kostet, die eigenen Erinnerungen an eine bestimmte Situation durch diejenigen anderer Menschen zu ergänzen, die auch Teil an dem damaligen Geschehen hatten. Gerade solch eine Ergänzung kann wichtige Veränderungen in Gang setzen. Eine Erinnerung hat keinen fertigen Inhalt; sie kann im Laufe des Lebens wachsen und reicher werden.

Ein alter Vater hat seit vielen Jahren keinen Kontakt mehr zu seinen Kindern. Dabei sind diese die letzten übriggebliebenen Verwandten, die er noch hat. Die Kinder behaupten, dass sie mit ihrem Vater gebrochen haben, weil er ihnen in ihrer Jugend nicht das gegeben hat, was sie brauchten, und sie nehmen es ihm übel, dass er sein Versagen als Vater noch immer nicht einsehen will. Der Vater leidet sehr unter dem Mangel an Kontakt, er fühlt sich krank und kann nachts nicht schlafen. Er selber kann sich gar nicht daran erinnern, ein schlechter Vater gewesen zu sein. Hat er doch, als er damals früh Witwer wurde, alles für seine Kinder getan: er verzichtete darauf wieder zu heiraten, er arbeitete für sie und machte viele Jahre lang Überstunden. Auch sorgte er dafür, dass es zu essen gab, dass das Haus sauber war, dass die Kinder gut gekleidet waren, und machte es finanziell möglich, dass sie in die Schule gingen und weiterstudierten. Für ihn ist es einfach nicht zu begreifen, dass ein solcher Vater seinen Kindern zuwider sein könnte. Es ist doch wohl erlaubt, dass man als Vater einmal schimpft, wenn man müde ist, dass man früh ins Bett geht, wenn man am nächsten Morgen früh aufstehen muss, und dass man verlangt, dass am Tisch nicht herumgekaspert wird. Diese verhärtete Situation dauert seit Jahren an. Er fragt sich, ob er ohne seine Kinder um sich herum wird sterben müssen. Schlussendlich nimmt er sich vor, sich einmal gründlich mit ihren Vorwürfen auseinanderzusetzen. Er versucht, sich die ferne Vergangenheit wieder ins Gedächtnis zu rufen: die Gesichter seiner Kinder, ihr Geplauder und Toben – kurz alles, was sich halt so abgespielt hat. Es ist, als ob er einen grauen Schleier, der jahrelang über vergessenen Bildern lag, wegzieht. Bilder und Worte tauchen auf, die er nie vollbewusst wahrgenommen, aber offensichtlich doch in sich aufgenommen hat. Es sind Vorgänge, die er eigentlich nicht wahrhaben wollte, aber von denen er in seinem tiefsten Innern wusste, dass es sie gab. Eigentlich hat er immer schon gewusst, dass, wie hart er früher auch arbeitete, er zuwenig von dem gab, was ein Kind wirklich nötig hat, um Kind sein zu können. Er sieht ein, dass es höchste Zeit ist, eine echte Begegnung mit seinen Kindern zu suchen.

Manchmal ist es aufschlussreich, sich in eine bestimmte Altersphase zurückzuversetzen, weil in dieser gewisse Eigenschaften in ihrer ersten und somit reinsten Form aufgetreten sind. So muss man zur Wiederentdeckung seiner Ideale an die Stimmung der eigenen Pubertät anknüpfen, denn in den Pubertätsjahren leuchten die Ideale am hellsten in uns auf. Das nächste Beispiel handelt von solch einer Suche nach dem Lebensgefühl der Pubertät.

Ein körperlich starker, ungefähr dreißig Jahre alter Mann gilt als richtiger Haudegen. Auch seine Freunde lassen sich gerne auf eine Schlägerei ein. Physische Gewalt war und ist in der Familie, in der er aufgewachsen ist, selbstverständlich. Seine erste Erinnerung ist, dass er von seinem älteren Bruder zusammengeschlagen wird, weil er zuviel Lärm macht. Zugleich aber lebt etwas von einem Idealisten in ihm, der den Kampf für den einfachen Menschen aufnehmen will. Aus diesem Grund schließt er sich der Hausbesetzerszene an. Für die gute Sache scheut er keine Gewalt und gerät immer tiefer in ein Netz von Verrat und Betrug, aber schließlich ist das, seiner Meinung nach, der einzig mögliche Weg, sein Ziel zu erreichen. Er wird immer mehr mit der kriminellen Seite der Hausbesetzerszene konfrontiert und wird in Situationen verwickelt, mit denen er eigentlich seinem Wesen nach nichts am Hut hat. Eines Tages reicht es ihm. Psychisch und körperlich am Ende gerät er in eine persönliche Krise. Es wirft ihn völlig aus der Bahn, dass er nicht länger mehr hinter der Art seines martialischen Auftretens stehen kann, aber gleichzeitig sieht er keine Alternativen. Wo findet er in sich selbst einen Anknüpfungspunkt für eine andere Lebensstrategie? Hat er es je erlebt, dass die Dinge sich änderten, ohne das dafür hart zugeschlagen werden musste? Wer hat ihm eine andere Haltung vorgelebt? Es folgt eine monatelange Suche, die man zwar nicht systematisch nennen kann, die ihn aber doch für andere Möglichkeiten empfänglich macht. Zunächst begegnet er dem Hausarzt, der bereit ist, ihm bei seiner Genesung hilfreich beizustehen und der auch ausdrücklich an ihn glaubt. In den Weihnachtsferien trifft er unerwartet einen älteren Cousin. Er hatte ihn vergessen – zu Hause mochte man ihn nicht sonderlich. Die Begegnungen, die er mit ihm in der Pubertät hatte, waren nur sporadisch, aber dennoch inspirierend. Auf einmal erinnert er sich wieder, wie stark das Vertrauen war, das sein Cousin in ihn als Jugendlichen setzte. Der Weg zur Entfaltung seiner idealistischen Gesinnung begann an Kontur zu gewinnen.

Mit Erinnerungen umgehen

Wissen *was* oder *wer du bist*, ist das eine, wissen *dass du bist*, das andere. Das Grundgefühl einer unverbrüchlichen Einheit der Person, oder mit anderen Worten das Gefühl der Identität ist zutiefst mit der Kontinuität, mit dem durchgehenden Strom der Erinnerung verbunden. Wer Lücken in seinem Gedächtnis hat, kann nicht im umfassenden Sinn des Wortes wissen, wer er ist. Erinnerungen haben also mehrere Funktionen. Ihr Inhalt ist zwar wichtig, aber daneben bilden sie auch den Zement, der die Persönlichkeit zusammenhält. Diese würde ohne diesen Zement keine innere Stabilität besitzen. Erinnerungen haben bedeutet, dass man neuen Erlebnissen einen Platz in seiner Erfahrungswelt geben kann und dass man damit umzugehen weiß. Auf diese Weise tragen sie zur Erfahrbarkeit der eigenen Identität bei und stärken das Selbstvertrauen.

Ein Mensch, der nicht mehr genau weiß, was er erst vor kurzem jemanden gefragt hat oder mit welcher Intention er z.B. zum Bahnhof gegangen ist, ist dem Leben nicht richtig gewachsen. Wer aber nicht einmal mehr weiß, wie er sich als Kind an allerlei Spielchen ergötzt hat und wie lecker die Mutter Kuchen backen konnte, den kann man in gewisser Hinsicht als behindert betrachten. Der Grund, weshalb man keine Erinnerungen hat, ist hierbei nicht einmal so wichtig. Die Tatsache, dass man keine hat, bildet das eigentliche Problem. Es gibt Menschen, die sich nicht mehr an bestimmte Abschnitte ihrer Jugend erinnern können. Häufig liegt der Grund darin, dass diese Periode ›verdrängt‹ wird, aber ebenso häufig handelt es sich um einen Zeitabschnitt, in dem kaum etwas geschehen ist, was genügend Eindruck gemacht hat, um zur Erinnerung zu werden. Das Dasein war in dieser Phase einfach nicht lebendig genug.

Solche Lücken in der Erinnerung verursachen eine nervöse Grundstimmung und ein vages Gefühl von Unzufriedenheit. In gewissem Sinne weiß der Mensch nicht, ›wer er ist‹. Er kann keine echten Entscheidungen treffen, weil er kein Gespür für das hat, was wirklich zu ihm passt. Jede Entscheidung kann zugleich auch das Gefühl der Enttäuschung in sich tragen. Somit bieten die gängigen Wege der Selbsthilfe wie ›verstärkt für sich selbst eintreten‹, ›lernen Grenzen zu setzen‹ oder ›ganz von vorne anfangen‹ nur Scheinlösungen. Dieses Problem kann dadurch angepackt werden, dass man eine warme, teilnahmsvolle Beziehung zu allen Aspekten der eigenen Vergangenheit aufbaut.

Durch die *Pflege der Erinnerung* wird die menschliche Identität gestärkt und zugleich eine Grundlage geschaffen, um diejenigen Entscheidungen zu treffen, die zum eigenen Lebensentwurf gehören. Je lebendiger der Kontakt mit der Erinnerung, desto intensiver ist die Wirkung.

Meiner Meinung nach ist ein guter Umgang mit den Erinnerungen des jetzigen Lebens Voraussetzung, um *Reinkarnationserinnerungen* beurteilen zu können, oder anders ausgedrückt: wer nicht weiß, wer er ist, kann auch nicht mit Sicherheit beurteilen, ob die Erinnerungen an vorherige Erdenleben, die z.b. während einer Reinkarnationstherapie hervorgerufen werden, wirklich zu ihm selbst gehören. Die Rückkehr in vergangene Erdenleben sollte sich auf eine gründliche Einsicht in das heutige Erdenleben stützen.

Durch die bewusste Beschäftigung mit den eigenen Erinnerungen entsteht Raum für die Frage: *Was* möchte ich eigentlich mit meinen Erinnerungen anfangen? Indem man diese Frage in sich bewegt, wird man entdecken, dass der aktive Umgang mit Erinnerung zur wirklichen Kraftquelle werden kann.

Hat der Mensch ein eher passives Verhältnis zu seinen Erinnerungen, ist es der Erinnerungsfähigkeit selbst überlassen, welche Erinnerungen wann und wie an der Oberfläche erscheinen. Es ist aber durchaus möglich, auf diesen Prozess Einfluss zu nehmen und eben doch eine bestimmte Auswahl zu treffen. Der Mensch lässt halt bestimmte Erinnerungen herein und verweigert anderen den Zugang. Die ›eingeladenen Gäste‹ betreten nun den persönlichen Bereich, den der Mensch als seine Innenwelt erlebt und der im Allgemeinen als ›Seele‹ bezeichnet wird. Die Seele und die Erinnerungen können nun miteinander ins Gespräch kommen. Was sich dabei abspielt, kann auf zwei sich ergänzende Weisen beschrieben werden. Zum einen lässt die Erinnerung die Seele an ihrem Wert und ihrer Schönheit bzw. an ihrer Wertlosigkeit oder Hässlichkeit teilhaben. Zum anderen freut sich die Seele zunehmend, sich an den Erinnerungen und deren Inhalt entwickeln zu können. Indem sie sich mit den Erinnerungen verbindet, befreit sie sich zugleich von ihnen und lernt eigenständig zu werden.

Hier folgt ein Beispiel. Ein vierzigjähriger Mann hat sich ein teures Erinnerungsbild an seinen Großvater bewahrt aus der Zeit, als er selbst etwa acht Jahre alt war. Er sieht immer noch vor sich, wie dieser sich seine Pfeife anzündet. Das ist soweit nichts besonderes, denn jeder Mensch hat diese Art Erinnerungen. Das Besondere aber zeigt sich in dem Umgang mit der Erinnerung; während er sich mit der Frage beschäftigt, warum diese charakteristische Gebärde einen so großen Eindruck auf ihn gemacht hat, dass er sich nach mehr als dreißig Jahren wieder daran erinnert, bildet sich allmählich eine klare Antwort in seiner Seele. Das Eindrucksvolle an diesem Erinnerungsbild ist nämlich die Ehrfurcht vor den Gegenständen, die sich in der Gebärde seines Großvaters und in der feierlichen Stimmung dieses Augenblickes der Entspan-

nung ausdrückt. Da es sich um ein Erinnerung§
handelt, das der erwachsene Mann hoch in Eⱨ
hält, wächst in ihm selbst der Wunsch und die
higkeit, Achtung vor Arbeitsgeräten zu hab
Darin kommt zwar seine Dankbarkeit seinem
Großvater gegenüber zum Ausdruck, aber diese
Fähigkeit hat sich doch auch vom Wirkungsfeld
seines Großvaters losgelöst.

Wer den aktiven Umgang mit den Erinnerungen
nicht pflegt, der erlebt sich selbst als abhängig vom
Vorhandensein oder Nicht-Vorhandensein der Reize aus der Umgebung.[2] Es ist die Außenwelt, die
ihn ständig zu inneren Erlebnissen anregt. Eine solche Seele aber besitzt eigentlich kein Eigenleben
und besteht im Grunde nur, solange und insoweit
sie durch äußere Reize zum Leben erweckt wird.
Es bahnt sich eine Hass-Liebesbeziehung mit der
Außenwelt an. Solange die Seele es nicht schafft,
sich aus dieser Abhängigkeit zu lösen, fühlt sie sich
zu dieser Beziehung verurteilt.

In einer solchen Situation spürt manchmal der
Mensch – eher verschwommen als vollbewusst –
dass sein Innenleben in Gefahr ist und dass, falls
seine Umgebung auch noch negative Signale aus-
senden würde, er womöglich ins Nichts versinken
könnte. Ihm wird irgendwann klar, dass seinem
Dasein jeglicher fester Boden fehlt. Darunter befindet sich ein Vakuum, das – unbewusst – eine Art
Panikstimmung aufrecht erhält und in seinem Bewusstsein wie ein unentwirrbarer Knoten aus Irri-
tation, Aggression und Angst erlebt wird.

Auch im Sozialen können Probleme entstehen, weil ein so gearteter Mensch oft meint, dass sein Partner, ein Elternteil oder ein sonstiger Betreuer eigentlich dafür zuständig wäre, eine solche Panikstimmung zu verhüten, und alle diese Personen somit die Verpflichtung haben, jegliche negative Einflüsse aus dem Weg zu räumen. Die soziale Umgebung wird solange von ihm bearbeitet, bis diese sich so auf seine Anforderungen eingestellt hat, dass die schwache Seele sich außer Gefahr sieht und sich sicher fühlen kann.

Das eigentliche Problem in so einem Fall aber ist, dass die Seele nicht gelernt hat, aktiv zu sein und dadurch schwach und wie atrophiert den äußeren Einflüssen hilflos ausgeliefert ist, genau wie ein Muskel, der nicht benutzt wird, allmählich dahinschwindet.

Primo Levi beschreibt diesen Zustand der Abhängigkeit und Angst, der manchmal dazu führt, dass die Fortsetzung des eigenen Daseins in Frage gestellt wird, folgendermaßen.[3]

›Ich weiß, dass man mich hierin nur schwerlich verstehen wird, und es mag gut sein, dass dem so ist. Doch überlege ein jeder, was für einen Wert, was für eine Bedeutung selbst die geringsten unserer täglichen Gewohnheiten in sich bergen, unsere hundert kleinen Dinge, die auch der armseligste Bettler sein eigen nennt: ein Taschentuch, ein alter Brief, die Fotografie eines lieben Menschen. Diese Dinge sind Teile von uns selbst, sind fast wie Glieder unseres Körpers; es ist auch in unserer Welt nicht denkbar, dass sie einem genommen werden, denn gleich würden wir andere dafür finden, andere Dinge, die uns gehören, weil sie unsere Erinnerungen erhalten und wecken.

Nun denke man sich einen Menschen, dem man, zusammen mit seinen Lieben, auch sein Heim, seine Gewohnheiten, seine Kleidung und schließlich alles, buchstäblich alles nimmt, was er besitzt: Er wird leer sein, beschränkt auf Leid und Notdurft und verlustig seiner Würde und seines Urteilsvermögens, denn wer alles verloren hat, verliert auch leicht sich selbst; so sehr, dass man leichthin und ohne jede Regung verbindenden Menschtums, bestenfalls aber auf Grund reiner Zweckmäßigkeit über sein Leben und einen Tod wird entscheiden können.‹

Dieses Gefühl der Leere verschwindet, wenn der Mensch die Fähigkeit entwickelt, Eindrücke aus der Vergangenheit bewusst in seiner Seele fortleben zu lassen. Ein weitverbreiteter Irrtum besteht darin, dass Leere durch noch mehr ›Futter‹, also durch Aufnahme neuer Eindrücke verschwinde. Aber überraschenderweise verschwindet Leere nur durch Aktivität.

Nicht alle Eindrücke fördern jedoch das innere Wachstum der Seele. Erinnerungen können die unterschiedlichsten Wirkungen hervorrufen; manche sind oder können für unser ganzes Leben von Bedeutung sein. Zu diesem Typus gehören bestimmte

Bemerkungen, die, einmal von jemandem geäußert, sich nachhaltig immer mehr in uns vertiefen. Andere Eindrücke wiederum sind für uns wie farblose Passanten im grauen Mantel. Schließlich gibt es auch solche Erinnerungen, die eine positive Persönlichkeitsentwicklung verhindern und nur die innere Leere aufrechterhalten.

Für die eigene Entwicklung ist es wichtig, dass man zu unterscheiden lernt zwischen Eindrücken, die bedeutungsvoll, kräftespendend und bereichernd wirken, und solchen, die unbedeutend sind, den Menschen ärmer machen und seine Seele vergiften.[2]

Ist die Seele imstande, in aller Freiheit mit ihrem Erinnerungspotential umzugehen, d.h. im Reich des Geschehenen souverän zu walten und nicht an die augenblicklichen Eindrücke gekettet zu sein, so entsteht ein neuer Raum für die Entfaltung der *freien Persönlichkeit*.

Spontane Erinnerungen

In den bisherigen Ausführungen ging es um eine Art Erinnerungen, die durch gezielte, anhaltende Anstrengung ins Gedächtnis zurückgerufen werden können. Im menschlichen Lebenslauf treten aber auch vielerlei Situationen auf, in denen Erinnerungen ›von alleine‹ an die Oberfläche kommen.[4]

Eine dieser wichtigsten Situationen ist die *der normalen Wahrnehmung*. An jede Wahrnehmung knüpfen sich verwandte Erinnerungsbilder an, sonst könnte man einen bekannten Gegenstand gar nicht mehr als solchen erkennen. Setze ich mich z.B. heute aufs Fahrrad, dann spielt dabei auch die Erinnerung an die vielen anderen Gelegenheiten, bei denen ich ebenfalls mein Fahrrad bestiegen habe, eine Rolle. Vielleicht fällt mir auch plötzlich ein, dass ich das Rad vor fünf Jahren gekauft habe und dass der Verkäufer mich damals fachkundig beraten hat. Auch wenn ich nicht an diese Fakten denke, *wäre ich imstande,* diese Erinnerungsbilder jederzeit hervorzurufen.

Diesen Prozess kann ich mir bewusst zunutze machen. Möchte ich mich an etwas aus meiner

Schulzeit erinnern, so blättere ich in alten Fotoalben oder hole meine früheren Zeugnisse mit der Unterschrift meines Vaters aus dem Schrank (außer der einen fehlenden Unterschrift, als mein Vater in der Klinik war). Ich erinnere mich wieder daran, was damals passierte, als ich schlechte Noten hatte. Auch kann ich zu meinem Geburtshaus zurückkehren und durch die Zimmer gehen, in denen ich meine frühe Kindheit verbracht habe. Oder ich mache vielleicht als moderner Mensch eine Reise ›back to the roots‹. Auch während Gedenkfeiern und Klassentreffen steigen gewöhnlich in den Anwesenden viele alte Erinnerungen hoch.

Als Tageszeit bietet sich der Abend zum spontanen Rückblick auf die Ereignisse des Tages und der vorhergehenden Tagen an. In der Übergangszeit zwischen Dämmerung und Nacht zieht sich die äußere Welt zurück. Irgendwann verliert das Auge seinen Halt, weil die visuelle Tiefe verschwindet. Abends scheinen die Eindrücke, die tagsüber den Weg von außen nach innen beschritten haben, den umgekehrten Weg zu finden, nämlich von innen nach außen, so dass sie sich abermals dem Bewusstsein zeigen. Manchmal verursacht dieser Vorgang Schlafstörungen.

Im Laufe seines Lebens gelangt jeder von uns immer wieder an sogenannte *tote Punkte*. Oft sind diese unvorstellbar kurz, manchmal aber auch unübersehbar lang. Solch ein toter Punkt tritt beispielsweise auf, wenn man am Ende einer Ausbildung seine Abschlußarbeit eingeliefert hat. Oder auch, wenn man als erwachsener Sohn oder Tochter bei seinen Eltern auf Besuch war und die Tür hinter sich zuzieht. In diesem Augenblick weiß man auf einmal ganz genau, was man hätte sagen sollen, aber nicht gesagt hat, oder vielleicht denkt man mit einem Gefühl der tiefsten Befriedigung an das zurück, was man gerade getan hat. Im Allgemeinen ist an so einem toten Punkt etwas bereits abgelaufen, während anderes noch nicht begonnen hat. Oft ist dieser innere Wendepunkt an äußere Veränderungen, manchmal sogar an physisches Sich-Umdrehen gekoppelt. Gewöhnlich wird diesen Stationen wenig Aufmerksamkeit geschenkt, obwohl sie zu den wichtigsten, vom Leben selbst geschenkten Quellen der Selbsterkenntnis gehören. Sie liefern in aller Kürze eine Essenz des Vorangegangenen in reinster Form. Wer kennt nicht die Gespräche ›auf der Türschwelle‹, z.B. beim Abschiednehmen, die sich im Nachhinein als ein solcher Wendepunkt erweisen. Auch die Geschichten, die Kinder ihren Eltern beim Zubettgehen erzählen, gehören dazu.

Nach einer schwierigen Zeit, die ein Mensch womöglich nur mit Hilfe von Beruhigungsmitteln durchgestanden hat oder in der er versucht hat, seine Gefühle zu verdrängen, kann es durchaus passieren, dass sich diese erneut mit beschleunigter Geschwindigkeit und doppelter Kraft zurückmelden. Zum Beispiel lässt man nach einer Scheidung, gewollt oder ungewollt, zunächst die ganze Zeit der Ehe abermals Revue passieren. Nachdem bei einem Menschen die Beruhigungsmittel abgesetzt wurden, macht er erst recht die Krise in ihrem ganzen Ausmaß durch. Dieses Phänomen ist unter der Bezeichnung ›rebound‹ bekannt.

Bestimmte Ereignisse hinterlassen einen tiefen Eindruck und klingen lange in einem nach. Häufig handelt es sich um solche, die man nicht ohne weiteres oder allein überblicken kann. Man braucht lange, um sie zu verarbeiten. So Umfassendes hat sich abgespielt, dass man es nicht unmittelbar und in seiner ganzen Fülle begreifen kann. Das ist typisch für Ereignisse, die man ›eindrucksvoll‹ nennt, wie Hochzeiten, Feste, Bestattungen, aber auch Katastrophen.

Diese Erkenntnis spielt auch eine wichtige Rolle im späteren Erinnerungsprozess. Man wird nämlich feststellen, dass man nicht der einzige ›Besitzer‹ dieser eindrucksvollen Erfahrungen ist und dass man sich mit den anderen austauschen muss, um ein vollständiges Bild zu erlangen. Man weiß eigentlich erst so richtig, was geschehen ist, wenn man sich hinterher mit anderen Menschen zusammensetzt, die das Gleiche erlebt haben, und dann das Erlebte und Gehörte zusammenträgt. Wann ist der ideale Zeitpunkt für einen solchen Austausch? Am nächsten Morgen am Frühstückstisch – im Schlafanzug?

Das gilt auch für Erinnerungen, die sich auf eine weiter zurückliegende Vergangenheit beziehen. Ich kann mich zum Beispiel fragen, was eigentlich an dem Tag wirklich passiert war, als ich als Junge von heute auf morgen in ein Internat geschickt wurde. Mir wurde damals erzählt, dass meine Mutter für kurze Zeit ins Krankenhaus müsste. Aber danach habe ich sie nie mehr wiedergesehen. Die Erinnerung wäre nur dann vollständig, könnte man die Schilderungen von Mutter, Vater, dem Direktor des Internats und dem Sozialarbeiter, der sich in die Sache eingemischt hatte, meiner Geschichte hinzufügen.

An diesem Beispiel kann man sehen, dass ein Erlebnis bzw. die spätere Erinnerung daran nicht nur eine persönliche Angelegenheit ist, sondern dass *mehrere Leute* Erinnerungen besitzen, die jeweils einen Aspekt desselben Ereignisses enthüllen. Das gilt selbstverständlich auch für die meisten Jugenderinnerungen.

Wird in der menschlichen Biographie der gewohnte Lauf der Dinge plötzlich gestört oder jäh unterbrochen, so entfaltet sich oft vor dem geistigen Auge des Menschen eine Bildergalerie, als wäre es ein einziger Tableau. Allgemein bekannt sind die Nah-Todeserlebnisse etwa beim Ertrinken oder beim Absturz im Gebirge. In solch einem Fall sieht der Betreffende manchmal sein ganzes Leben zu einem einzigen *Lebenspanorama* verdichtet vorüberziehen. Dieses Phänomen kann bereits bei kleineren Schocks auftreten, z.B. wenn man auf einmal zu hören bekommt, dass man entlassen wird. Oder wenn man vom plötzlichen Tode eines Freundes hört und auf einmal in beschleunigtem Tempo den Teil des Lebensweges überblickt, den man gemeinsam gegangen ist. Solche Erfahrungen gehören zu den kostbarsten im Leben. Wer so etwas erlebt, dem wird eine neue Sicht auf diese Beziehung eröffnet, die es ermöglicht, diese in ihrem ganzen Wert zu beurteilen, häufig mit einer starken positiven oder negativen *Färbung durch das Gewissen;* auch kann es einem schlagartig klar werden, wo man zu kurz gekommen ist, oder man wird sich erst jetzt des wahren Wertes dieser Beziehung bewusst.

Traumatische Erinnerungen

Die traumatischen Erinnerungen sollten eigentlich für sich behandelt werden. Ich bin mir dessen bewusst, dass diese Thematik im Grunde eine ausführlichere Darstellung verdient als im Rahmen dieser Schrift möglich ist. Ich möchte aber doch wenigstens in großen Zügen eine Vorgehensweise darstellen, wie man mit traumatischen Erinnerungen umgehen kann.[5]

Drei warnende Bemerkungen sollten vorausgeschickt werden. Erstens ist es nicht jedem gegeben, seine Traumata selbst zu beseitigen. Gegebenenfalls ist professionelle Hilfe notwendig.[6] Zweitens ist nicht jeder Zeitpunkt dazu geeignet. Das eine Mal wäre eine sofortige Hilfe angebracht, das andere Mal wäre es besser, das Geschehene ruhen zu lassen, so dass die Erinnerung daran reifen kann. Schließlich sollte man bedenken, dass hier nicht die Traumatherapie schlechthin beschrieben wird, sondern nur eine der möglichen Umgangsformen mit traumatischen Erinnerungen, und zwar diejenige, die dem meditativen Umgang mit Erinnerungen entspricht.

Die Seele ist nicht immer imstande, ein verletzendes Erlebnis oder eine Reihe von schmerzhaften Erlebnissen ohne Schaden zu überstehen. Man spricht in diesem Fall von einem psychischen Trauma, einer seelischen Verletzung. Die Seele wird nun vielleicht versuchen, ihre Aufmerksamkeit von dem klopfenden Wundschmerz abzulenken oder zu vermeiden, dass die wunde Stelle berührt wird. Bisweilen gelingt ihr das aber nicht. Traumata besitzen das gleiche Charakteristikum wie offene klopfende Wunden, die ihr Vorhandensein fortwährend dem Verletzten aufdrängen. Es mag sein, dass ›die Zeit alle Wunden heilt‹, aber solche tiefen seelischen Verletzungen heilen nicht immer ohne gezielte Hilfeleistung. Diese muss auf verschiedenen Ebenen stattfinden.

Dem Motiv, weswegen ein Mensch sich dazu entschließt, sich mit einer traumatischen Erinnerung zu beschäftigen, liegt manchmal eine Notlage zugrunde: vielleicht wird er nicht mehr so richtig mit den Anforderungen des Lebens fertig, oder schafft es nicht länger, den sich ihm aufdrängenden Erinnerungen aus dem Weg zu gehen, womöglich fühlt er sich körperlich krank oder er fühlt sich dadurch in bestimmten Situationen dermaßen gehandicapt, dass er diesen Zustand beheben will.

Aber das Motiv kann auch in einer freien Entscheidung liegen: man will eine neue Beziehung zu den Menschen oder den Situationen aufbauen, die das Trauma verursachten. Es ist allerdings ein riesiger Unterschied, ob man den Entschluss *aus reiner Notwendigkeit* fasst oder sich *aus freien Stücken*

dazu durchringt. Wer sich aus freiem Willensent-
schluss an die Verarbeitung seiner traumatischen
Erlebnisse macht, wird viel leichter die ständige
offene Konfrontation mit der schmerzhaften Erinnerung an seine Machtlosigkeit und an seine Erfahrungen als Opfer aushalten können. Jeder Betroffene sollte möglichst selbst diese Entscheidung treffen, auch dann noch, wenn seine seelische Verfas-
sung bereits so kritisch ist, dass mit der Notwendigkeit einer Therapie zu rechnen ist.

Die erste Phase der Verarbeitung von traumatischen Erinnerungen spielt sich auf der Bewusst-
seinsebene ab. Es erfordert bereits eine große Anstrengung, sich den tatsächlichen *Hergang* bewusst
zu machen. Sind alle Einzelheiten des Vorfalls bekannt? Wissen Sie auch, was sich um dieses Ereig-
nis herum abgespielt hat? Wie spät war es? Wie
war das Wetter? Wer war alles dabei anwesend?
Warum waren diese Menschen dort? Wie reagier-
ten diese Menschen auf dieses Geschehen? Wie alt
waren Sie selbst zu diesem Zeitpunkt, wie sahen
Sie aus? Mittels welcher Wahrnehmungssinne erinnern Sie sich an bestimmte Einzelheiten? Was
geschah vor dem bewussten Zeitpunkt und was
danach? Auch die folgenden Fragen sind wichtig:
War es möglich oder erlaubt, nachher über das Erlebte mit jemandem zu reden? Mit wem? Falls es
nicht möglich war, darüber zu sprechen oder es
sogar untersagt wurde, wer hat das dann bestimmt? Auf welche Weise und warum tat diese
Person das? Besonders der letzte Fragenkomplex

öffnet das Bewusstsein für die Frage, ob die Erinnerung Teil der eigenen Identität sein darf und durfte. Auch diese Thematik mitsamt dem Vorspiel und dem Nachspiel gehören zum Problembereich. Auf diese Weise baut sich das Bewusstsein schrittweise ein Gesamtbild des traumatischen Erlebnisses auf.

Die spannende Frage ist nun, ob es dem Betreffenden irgendwann gelingt, den ganzen Ablauf des Geschehens zu überblicken, statt nur immer und immer wieder diese eine in die Netzhaut gebrannte Sekunde zu durchleben. Nun beginnt ein Kampf zwischen der verwundeten ausweichenden Seele und dem Ich, das sich bemüht, alle Facetten des Erlebten heraufzubeschwören – ein Machtkampf zwischen traumatischer Erinnerung und Ich.

In der nächsten Phase sollte versucht werden, die traumatisierenden Erfahrungen *wieder zum Leben zu erwecken*. Es geht nicht nur darum, sich die einzelnen Begebenheiten vorzustellen, sondern darüber hinaus sich wiederum als fühlende und handelnde Person darin anwesend zu erleben. Nicht nur das Geschehene wird erneut zum Leben erweckt, sondern auch der Mensch selbst.

Bei diesem Prozess des Auflebens früherer Erfahrungen spielt das Gefühl eine wichtige Rolle. Dort ist die Zentrale, wo alles zusammenkommt, was in und mit dem Menschen geschieht. Hier läuft z.B. auch die Mitteilung ein, dass der Mensch einen gehörigen Knacks abbekommen hatte, der zum Trauma wurde. Das kann sich darin äußern, dass er sich wie gelähmt oder erfroren fühlt, den Boden unter den Füßen verloren hat, nicht mehr ganz bei sich ist oder das Gefühl hat, seinen Körper nicht mehr in seiner Ganzheit zu durchdringen; es kommt ihm dabei vor, als ob er diesen über bestimmte Stellen, etwa den Magen, den Kopf oder den Rücken, ›verlassen‹ hat, so dass er seinen Körper an diesen Stellen nicht mehr länger durchdringt, als ob diese Körperteile ›unbemannt‹ wären. Oder er empfindet es, als ob er explodieren oder etwas in ihm zuschnappen würde.

Mit derselben Sorgfalt, mit der das Bild des Erlebten aufgebaut wurde, bauen Sie sich nun die gesamte Skala der Gefühle auf, die Sie nacheinander durchgemacht haben. Folgende Fragen können Ihnen hierbei als Leitfaden dienen: Waren Sie erschrocken? Fühlten Sie sich machtlos? Wo spürten Sie das in Ihrem Körper? Waren Sie wütend? Hatten Sie starke Schmerzen und wo spürten Sie den Schmerz? Waren Sie ängstlich? Haben Sie sich verkrampft, wann war das und wie würden Sie diesen Vorgang beschreiben? Wann konnten Sie wieder erleichtert Luft holen?

Wer es geschafft hat, den Strom der sich überstürzenden Gefühle wieder zu durchleben, sollte als Nächstes versuchen, diesen abermals durchzumachen, aber jetzt in *umgekehrter Reihenfolge.* Man durchläuft den Prozess also von hinten nach vorne, von Traumatisiert-Sein nach Gesund-Sein hin, von Gelähmt-Sein zum Aktiv-Sein, vom Verlassen des Körpers zum Anwesend-Sein im Körper.

Während dieser zurückgehenden Bewegung muss der Übende mit bestimmten charakteristischen negativen Reaktionen rechnen. Auf körperlichem Gebiet können Unruhe, das Bedürfnis wegzulaufen, kalte Hände und Füße, Bauchschmerzen, Kopfschmerzen, Erbrechen oder Schwindelgefühle auftreten. Auf psychischem Gebiet können das Gefühl, keinen Boden unter den Füßen haben, Panik oder Wut auftreten, auch Alpträume, Selbstvernichtungsdrang oder depressive Verstimmungen sind möglich.

Dieser Gang durch die Gefühle in entgegengesetzter Richtung bringt in einem selbst die problematischen Bereiche zum Bewußtsein, die dringend angepackt werden müssen, und lässt einen ahnen, wie eine mögliche Lösung aussehen könnte (beim chronologischen Durchgang ist man vielmehr geneigt, sich selbst in seinen Reaktionen Recht zu geben). Eine mögliche Wendung für denjenigen, der immer wieder den Boden unter den Füßen verliert, könnte darin bestehen, dass er lernt, seinen eigenen Standpunkt zu verteidigen. Oder wer wie gelähmt war, muss wieder lernen, in Bewegung zu kommen, indem er z.B. von seiner jetzigen Situation wegläuft, falls das eine Lösung sein würde. Auf diese Weise nimmt der Einfluss des Traumas ab.

Bei der Aufdringlichkeit des Psychotraumas können therapeutische Methoden wie die *paradoxe Intention* von Viktor Frankl oder die *Symptomverschreibung* von Paul Watzlawick wirksam eingesetzt werden.[7] Hierbei handelt es sich um die Verknüpfung von einer Verpflichtung mit einem Verbot: Der Betroffene nimmt die *Verpflichtung* auf sich, dem Erlebnis, das er eigentlich am liebsten vergessen oder ungeschehen machen möchte, in Zukunft besondere Aufmerksamkeit zu schenken. Er nimmt sich beispielsweise vor, zweimal am Tag eine halbe Stunde lang (diese Maßangabe hat sich in der Praxis bewährt) sich so intensiv wie möglich auf den Vorfall zu konzentrieren, wobei er sich jedesmal mit den Fragen beschäftigt, die noch unbeantwortet sind.

Außerhalb von diesen Zeiten aber gilt ein absolutes *Verbot,* sich mit der Problematik zu beschäftigen. Alle Gedanken an das Psychotrauma, die dennoch aufkommen, verweist man auf den Zeitraum, den man dafür mit sich selbst ausgemacht hat. Der Kern dieser Methode ist, dass der Wille aktiviert wird. Die Erfahrung hat gezeigt, dass diese Übung, konsequent angewendet, eine außerordentlich befreiende Wirkung hat.

In der dritten Phase setzt man sich mit dem existentiellen Problem auseinander, das sich in dem Spruch widerspiegelt ›was geschehen ist, ist nun mal geschehen‹. Die Ausbildung z.B., die Sie hatten machen wollen, werden Sie nicht mehr machen können. Ihre heutige sexuelle Beziehung ist noch immer von den Begebenheiten, die vor 30 Jahren stattgefunden haben, gezeichnet. Schaden ist auf jeden Fall angerichtet worden. Das bewirkt, dass Sie sich als ›Opfer‹ fühlen können, und bedeutet zugleich, dass es auch einen ›Täter‹ geben muss.

Das Trauma kann aber solange nicht endgültig gelöst werden, bis nicht irgendeine Beziehung zum Thema Schuld und Vergebung entstanden ist. Das Opfer befindet sich häufig in einem inneren Zwiespalt, der sich etwa folgendermaßen formulieren lässt: ›Warum sollte eigentlich ich derjenige sein, der sich ändern muss, während der andere Mensch die Ursache meines Elends ist? Soll er doch die Lasten auf sich nehmen und an sich selbst arbeiten oder zumindest Schadenersatz zahlen. Sonst werde ich ja zum zweitenmal Opfer: erst das traumatische Geschehen und dann auch noch die Folgeerscheinungen, deren Wirkungen ich gerade wegen des Traumas nicht gewachsen bin.‹ Dieser innere Kampf wütet in allen Bereichen der Seele.

Einem Außenstehenden, auch dem Autor, steht es nicht zu, einen möglichen Ausgang dieses Kampfes zu suggerieren oder überhaupt zu meinen, man wüßte schon, wie die beste Entscheidung auszusehen hätte, denn das würde die menschliche Freiheit beeinträchtigen, was hier keinesfalls passieren darf.

Mathias Wais sagt zu der therapeutischen Situation folgendes[8]: ›Und dann die Vergebungsfrage: Von den Betroffenen meistens zu Beginn der Therapie […] aufgeworfen, kann sie auch am Ende der Therapie wieder auftreten. Soll das Opfer dem Missbraucher vergeben? Würde das nicht Beruhigung schaffen? Und wäre das nicht moralisch das Richtige? Diese Frage kann überhaupt nur das Opfer berechtigt stellen, und nur das Opfer kann diese

Frage eines Tages entscheiden. Sie gehört nicht in das Bedenken der Außenstehenden, schon gar nicht in das Gespräch mit Opfern. So lautet meine Antwort auf die Frage 'Sollte ich dem Täter verzeihen?': 'Legen Sie sich diese Frage wieder vor, wenn Sie 80 sind.'‹

In diesem Zusammenhang möchte ich noch auf die subtile Verbindung von Vergebung und Gesundheit deuten. George Ritchie[9] erzählt die Geschichte eines polnischen Juden, der sechs Jahre Konzentrationslager auf eine solche Weise überlebt hatte, dass man hätte meinen können, er wäre dort nur kurze Zeit gewesen. Er schien ohne die geringste körperliche oder geistige Schädigung davongekommen zu sein. Über seine Verhaftung, die ihn letztendlich ins Konzentrationslager brachte, schrieb er:

›Ich musste mich dann entscheiden, ob ich mich dem Hass den Soldaten gegenüber hingeben wollte, die das getan hatten. [....] Es war eine leichte Entscheidung, wirklich. Ich war Rechtsanwalt. In meiner Praxis hatte ich oft gesehen, was der Hass im Sinn und an den Körpern der Menschen auszurichten vermochte. Der Hass hatte gerade sechs Personen getötet, die mir das meiste auf der Welt bedeuteten. Ich entschied mich dafür, dass ich den Rest meines Lebens – mögen es nur wenige Tage oder viele Jahre sein – damit zubringen wollte, jede Person, mit der ich zusammenkam, zu lieben.‹

Persönliche Unterschiede
je nach Temperament

Bei all den Gesetzmäßigkeiten, die wir im Erinnerungsvorgang entdeckt haben, sollten wir nicht aus dem Auge verlieren, dass es immer auch noch individuelle Unterschiede gibt.

Fragt z.B. jemand seine Verwandten nach ihren Erinnerungen an die Goldene Hochzeit seiner Eltern, dann wird er wahrscheinlich von der Vielfalt der Antworten überrascht sein. Jeder Gast hat nämlich während dieses Festes andere Teilaspekte wahrgenommen. Für den einen bildet die Stimmung, für einen anderen die Umgebung, für einen Dritten das Festessen und für einen Vierten das Geschenk den Schwerpunkt seiner Erinnerung. Andere Aspekte erfahren wenig oder gar keine Beachtung.

Gibt man Schülern den Auftrag, einen Bericht über eine gemeinsam verbrachte Segelwoche abzufassen, so werden manche den frustrierenden Verlauf von einigen schlecht organisierten Nachmittagen beschreiben, während andere dagegen die gleichen Nachmittage gerade als Zeiten voller aufregender Abenteuer erlebt haben. Einige Schüler schildern in erster Linie ihre Gefühle von Angst und Heimweh, während wiederum andere sich vor

allem an die tiefschürfenden nächtlichen Gespräche erinnern.

Während eines Geburtstagsfestes z.B. sprechen
die Gäste über den vergangenen Herbst, den sie
alle in derselben Stadt verbracht haben. Aus dem
Gespräch steigen völlig verschiedene Bilder auf, als
ob es gar nicht um die gleiche Jahreszeit ginge.
Manchen fällt ein, das es bestimmt zwei Monate
lang nur geregnet hat, andere beteuern, dass es
noch nie solche sonnigen Perioden im Herbst gegeben hat, während eine dritte Gruppe der Meinung
ist, dass das Wetter genau so war wie in den Jahren
davor.

Es ist ein bekanntes Phänomen, dass nicht jeder
an denselben Vorgang die gleiche Erinnerung hat
und dass diese nicht auf die gleiche Weise im Gedächtnis aufbewahrt wird. Anhand der Temperamente kann man deutlich erleben, wie verschieden
Menschen sind, was den Charakter ihrer Erinnerungen und ihre Fähigkeit betrifft, diese hervorzu-
holen.

Manche Menschen lassen sich bequem vom
Strom des Lebens tragen. Sie nehmen alles, wie es
kommt. Sie lieben es, wenn ihr Leben ein bestimm-
tes Maß an Komfort und Behaglichkeit aufweist.
Ihre Erinnerungen beziehen sich dann auch vor-
nehmlich auf diesen Aspekt der Wirklichkeit. Das
früher Erlebte jedoch heraufzubeschwören und in
scharfen Umrissen zu charakterisieren, fällt ihnen
dagegen schwer. Die dazu erforderliche Anstrengung empfinden sie als ziemlich unbequem.

Ganz anders verhält es sich mit denjenigen Menschen, die sich in ihrem unerschöpflichen Reichtum an Erinnerungsbildern, die durch die große Empfänglichkeit ihrer Sinne in sie hineinströmen, leicht verlieren können. Sie lieben die Vielfalt von Eindrücken und Erinnerungen. Erinnerungen, die aktive Aufmerksamkeit verlangen, sind unmittelbar präsent; oft reichen sie bis in die früheste Kindheit zurück. Es gelingt einem solchen Menschen jedoch nicht, diese Erinnerungen festzuhalten, so dass er mit ihnen ins Gespräch kommen könnte. Auch erfordert es von ihm eine große Willenskraft, die vorhandenen Erinnerungen mit Elementen zu ergänzen, die nicht unmittelbar von sich aus sein Interesse wecken. Erinnerungsbilder selbst tauchen also zwar erstaunlich leicht auf, aber die Beziehung dazu zu vertiefen, fällt ihm außergewöhnlich schwer.

Auch gibt es Menschen, die sich nicht den tatsächlichen Hergang der Ereignisse merken, sondern nur deren Essenz. Sie haben ein schlechtes Gedächtnis für Bilder und besonders für die erfreulichen Seiten einer Begebenheit. Dafür haben sie aber einen ausgeprägten Sinn für das Leiden, das eine bestimmte Situation in sich birgt. Ihre einmal gebildete Meinung werden sie nur mit großer Mühe ändern. Erinnert sich ein solcher Mensch an eine frühere Begebenheit, so tut er sich schwer, auch Interesse für andere Aspekte des ursprünglichen Geschehens aufzubringen, die ihn nicht unmittelbar ansprechen. Er spürt in sich einen gewissen Widerstand gegen Bilderinnerungen, weil ihn dabei das Gefühl beschleicht, den festen Boden unter den Füßen zu verlieren. Der Akzent liegt mehr auf den Erinnerungen der Innenwelt als auf denen der Außenwelt.

Schließlich gibt es Menschen, die sich vor allem an das erinnern, was sie mit ihrem Willen und den eigenen Zielsetzungen verknüpfen können, z.B. alles, was mit Plänen, Leistungen, Projekten, Erfolgserlebnissen oder nützlichen Kontakten zu tun hat. Diese Art Erinnerungen sind eng mit der eigenen Lebensstrategie verbunden. Das erklärt ihr gutes Gedächtnis für alles, was damit zusammenhängt. Auch für Fakten haben sie ein gutes Gedächtnis. Aber alles, was außerhalb des eigenen Lebenskreises liegt, wird kaum oder nicht wahrgenommen, und deshalb fällt es ihnen noch schwerer, die Erinnerung daran ins Gedächtnis zurückzurufen. Außerdem erfordert es von einem solchen Menschen eine extreme Kraftleistung, einen bestimmten Vorgang so zu durchleben, als ob er in der Haut eines anderen Menschen stecken würde, oder auch sich eigene Fehlschläge ins Gedächtnis zurückzurufen.

Mit diesen vier Typisierungen ist die Erinnerungsfähigkeit des phlegmatischen, sanguinischen, melancholischen und cholerischen Temperaments charakterisiert.[10]

Meditativer Umgang
mit Erinnerungen

Der sich vertiefende Umgang mit den eigenen Erinnerungen durchläuft verschiedene Stufen.

Zunächst muss *innere Ruhe geschaffen werden,* d.h. man sollte sich einen genügend großen Zeitraum freihalten und einen geeigneten Raum suchen, so dass die täglichen Belastungen keine Chance haben, sich aufzudrängen.[11] In dieser Atmosphäre der Gelöstheit ist der Mensch nun frei, innere Aktivität nach eigener Wahl zu entfalten.

Während der zweiten Stufe gibt der Mensch seinem Gedankengang *eine Richtung,* indem er etwas, das er über sich selbst wissen möchte, als Frage formuliert, z.B.: Wie war ich als siebenjähriges Kind? Was hat mein Großvater für mich bedeutet? Wie lange habe ich schon diese Kopfschmerzen?

Der dritte Schritt besteht darin, eine *inhaltliche Auswahl* aus dem vorhandenen Erinnerungsmaterial zu treffen, d.h. Sie wollen sich z.B. besonders mit den Konfrontationen beschäftigen, die Sie in der Pubertät mit Ihrem Vater hatten, oder sich an den einen schicksalshaften Tag zurückerinnern, an dem alles schief ging und Sie Ihren Arm gebrochen haben. Oder Sie möchten sich lieber auf die Vorgänge an Ihrem Arbeitsplatz konzentrieren, die letztendlich zu Ihrer Kündigung geführt haben.

Jetzt sollte sich ein vierter Schritt anschließen, weil Sie nicht beim anfänglichen, meist unvollständigen Kontakt mit einer Erinnerung stehen bleiben dürfen. Man sollte danach streben, einfach *alles* über die entsprechende Begebenheit oder Periode wissen zu wollen, z.B. wie sah meine Mutter wirklich aus, als ich sieben Jahre alt war? Wie trug sie ihr Haar, hatte sie noch eine gute Gesundheit oder kränkelte sie damals schon? Weiß ich das einfach nur so oder sehe ich das bildhaft vor mir? An welchen Einzelheiten kann ich ihren Zustand beurteilen? Welche Kinder waren zu jener Zeit in meiner Klasse? Schaffe ich es, mir jeden einzelnen vorzustellen usw.? Erinnerungen in aller Gründlichkeit wachzurufen, erfordert richtige *Arbeit*.

Wie anstrengend diese Arbeit ist, beschreibt Ernest Hillen während eines Interviews.[12] Ihm gelang es, in seinem Buch *Kampjongen* (deutsch: *Lagerjunge)* das japanische Konzentrationslager während des Zweiten Weltkrieges durch die Augen eines Kindes zu sehen.

›Ich war tief ergriffen von der Ekstase an Bildern, die ich aus dem Nebel meines Geistes zum Vorschein holte. Das ist wie eine Art Weinen vor Glück. Mit fotografischer Schärfe tauchten Erinnerungsfetzen auf. Das ging wie folgt vor sich: Ich sah einen Teil eines Gesichtes vor mir, ich hörte den Regen niederprasseln oder ich roch auf einmal einen bestimmten Duft. Dann fing ich an, die Erin-

nerungsfragmente, egal welche sich mir aufdräng-
ten, mit Fragen zu überschütten. Jede Einzelheit
wollte ich ins Gedächtnis zurückrufen: Wo habe
ich dieses Gesicht je gesehen? Wessen Gesicht ist
es? Welche anderen Gesichter waren in seiner
Nähe? Oder wo war ich, als es regnete? War ich
draußen oder saß ich drinnen und sah dem strö-
menden Regen zu? Wo führen die Düfte mich hin?
usw. Nach einiger Zeit war ein Reservoir, ein Sam-
melbecken an Bildern und Erinnerungen entstanden.‹

Von essentieller Bedeutung hierbei ist die Suche
nach den *spezifischen Fragen,* die erst den Schlüs-
sel zu den Erinnerungen liefern. Will man z.B. in
seiner Erinnerung zurückkehren zu der Zeit, als
man drei Jahre alt war, kann man sich durchaus
fragen, wie man damals das Licht erlebte, aber
nicht, was man von seiner Mutter hielt. Für das
Grundschulalter bilden Fragen nach der Motorik
einen wichtigen Zugang: Welche Art Bewegungen
liebte ich damals? Für die Pubertätsphase wiederum ist die Beziehung zur Literatur und Musik usw.
aufschlußreich. Bisweilen wird das Tor zu einem
Erinnerungsinhalt durch einen bestimmten Geruch
oder bestimmte Geräusche geöffnet. Im folgenden
Kapitel werden wir sehen, welche speziellen Mittel
uns zur Verfügung stehen, um die verschiedenen
Lebensphasen aufzuschließen.
    Wer mit großer Mühe und Ausdauer versucht,
sich einer Erinnerung, einem Vorfall oder einem

früheren Lebensabschnitt zu nähern, wird irgendwann durch die Oberfläche der Bilder hindurchtauchen, so dass die Vergangenheit plötzlich zur lebendigen Wirklichkeit wird.[4]

Sigmund Freud bevorzugt in der Psychoanalyse den umgekehrten Prozess, nämlich die Methode der freien Assoziation. Er ist der Ansicht, dass gerade jegliche bewusste Beeinflussung zu unterbleiben hat und dass der Patient z.B. in liegender Haltung alles, was in ihm hochsteigt, gewähren lassen soll.[13] Dem Gedankenfluss wird keinerlei Richtung gegeben und das Erinnerungsmaterial bleibt unangetastet und erfährt keine Aussonderung. Der Patient muss sich nicht im geringsten anstrengen, erst im Nachhinein wird durch Deutung der Assoziationen ein Zusammenhang konstruiert.

Die freudianische Methode ist weitverbreitet. Ihr Einfluss ist deutlich erkennbar in allerlei Strömungen der Psychologie, die die Lehre der spontan aufsteigenden Bilder propagieren. Aber auch in subtiler Form wird der Einfluss von Freud sichtbar, wie ein Wort wie ›da muss man tiefer bohren‹ zeigt. Man wird hier aufgefordert, *hinter* die Erinnerung zu gehen, anstatt sich ausschließlich auf sie selbst zu konzentrieren.

Nach der Phase, in der die Erinnerung in ihrer gesamten Gestalt mit allen Farbnuancen und vielleicht sogar in eine Duftwolke gehüllt, nahezu tastbar real aufgebaut worden ist, folgt noch eine fünfte Stufe. Mit *beschaulichem Blick* betrachte ich nun das Erinnerungsgebilde. Was zeichnet sich ab? Was sehe ich eigentlich? Welche Antwort gibt mir meine Erinnerungsarbeit auf meine ursprüngliche Frage? Die Antwort hat sich während dieses kreativen Prozesses herausgelöst. Die besinnlich-konzentrierte, fast fromme Hingabe an die Erinnerungen, die durch einen aktiven Prozess, bestehend aus der Erschaffung eines Freiraumes, der Formulierung von Fragen und dem Aufbau des gesamten Erinnerungsinhaltes vorbereitet wird, kann man als *meditativen Umgang mit Erinnerungen* bezeichnen. Dieser übt eine metamorphosierende Wirkung auf die Persönlichkeit aus.

Die Meditation hat zwei Seiten. Die eine Seite ist die aktive, sie fordert von uns Hingabe, Konzentration, Fragen stellen, auswählen und verbinden. Die andere Seite ist die passive Seite. Sie verlangt von uns, dass wir abwarten, uns öffnen und die Antworten in Ruhe akzeptieren können. Rilke gibt in seinen *Briefen an einen jungen Dichter* eine wunderschöne Schilderung dieser hingebungsvollen, offenen Haltung.[14]

›Geben Sie jedesmal sich und Ihrem Gefühl recht … Lassen Sie Ihren Urteilen die eigene stille, ungestörte Entwicklung, die, wie jeder Fortschritt, tief aus innen kommen muss und durch nichts gedrängt oder beschleunigt werden kann. Alles ist austragen und dann gebären. Jeden Eindruck und jeden Keim eines Gefühls ganz in sich, im Dunkel, in Unsagbaren, Unbewussten, dem eigenen Verstande Unerreichbaren sich vollenden lassen und mit tiefer Demut und Geduld die Stunde der Niederkunft einer neuen Klarheit abwarten: das allein heißt künstlerisch leben: im Erstehen wie im Schaffen. Da gibt es kein Messen mit der Zeit, da gilt kein Jahr, und zehn Jahre sind nichts. Künstler sein heißt: nicht rechnen und zählen; reifen wie der Baum, der seine Säfte nicht drängt und getrost in den Stürmen des Frühlings steht ohne Angst, dass dahinter kein Sommer kommen könnte. Er kommt doch. Aber er kommt nur zu den Geduldigen, die da sind, als ob die Ewigkeit vor ihnen läge, so sorglos still und weit. Ich lerne es täglich, lerne es unter Schmerzen, denen ich dankbar bin: Geduld ist alles!‹

Nach der Stufe der besinnlichen Betrachtung während der sechsten Phase lassen wir die Beschäftigung mit der Erinnerung bewusst ruhen. Dadurch wird der siebte Schritt vorbereitet. Diesen letzten Schritt müssen wir nämlich nicht selbst tun, der wird uns abgenommen. In dieser Endphase treten bestimmte Veränderungen nämlich von allein auf. Die Schwierigkeit aber liegt vielfach darin, dass wir deren Eintreten nicht bemerken. Es ist eben nicht so, dass die ursprüngliche Problematik und die Wirkung, die unsere Bemühungen hervorrufen, inhaltlich und zeitlich miteinander unbedingt zusammenhängen. Diese Art Einfachheit liebt die Meditation nicht. Stellen Sie sich einmal vor, Sie haben sich mit der Frage beschäftigt, wie es eigentlich mit Ihrer Liebe zu den Pflanzen und Tieren steht. Dann könnte es passieren, das Sie Ihrem Freund an seinem Geburtstag wie selbstverständlich einen Strauß Blumen schenken, während Sie früher nie auf diese Idee gekommen wären. In diesem Moment denken Sie nicht im Traum an Ihre biographische Exkursion. Die scheinbar beziehungslose Selbstverständlichkeit, mit der Sie handeln, ist für einen inneren Impuls kennzeichnend, der durch den meditativen Umgang mit Erinnerungen geweckt wurde.

Erinnerung und Lebenslauf

Um die innere Beziehung zwischen der Erinnerung
und dem menschlichen Lebenslauf durchschauen
zu können, müssen wir berücksichtigen, dass uns
Ereignisse je nach Lebensalter in verschiedener
Weise beeinflussen. So müssen wir für jede Altersphase auch eine ihr angemessene Betrachtungswei-
se entwickeln. Zunächst sollten wir zwischen den
drei gestalterischen Prinzipien unterscheiden lernen, die im Erinnerungsvermögen wirksam sind
(später werden wir diese im Einzelnen darstellen):
– der Bildcharakter der Erfahrungen und der
dazu gehörenden Erinnerungen. Spricht man im
gewöhnlichen Sprachgebrauch von Erinnerung, so
meint man diesen Aspekt.
– der gewohnheitsbildende Charakter der Erfahrungen. Hierbei treten die Erinnerungen nicht vorrangig als Bilder, sondern als treibende Kräfte im
Menschen auf, sowohl im positiven als auch im
negativen Sinn.
– der körpergestaltende Charakter der Erfahrungen. Die Erinnerungen, die sich auf diese Ei-
genschaft beziehen, hängen merkwürdigerweise
damit zusammen, wie der Mensch später sein Ich

e Einsicht in die Weise, wie ich auf den drei verschiedenen Gebieten im Laufe meines Lebens von den gesammelten Erfahrungen geformt worden bin, kann nur durch bewusste Anstrengung erworben werden. (Siehe das Kapitel *Meditativer Umgang mit Erinnerungen*.) Das Ich als führende Instanz im Menschen muss für die verschiedenen Erfahrungsbereiche entsprechende Umgangsformen entwickeln, die jede ihre eigene Wachstumsmöglichkeit für das Ich bieten. Dadurch schafft das Ich auf drei Ebenen die Möglichkeit, ein Bewusstsein über sich selbst zu erlangen. Das Herstellen eines bewussten Verhältnisses zu den eigenen Erinnerungen, also zur eigenen Lebensgeschichte auf den drei Ebenen, wirkt harmonisierend und gesundend auf den Menschen.

Diese Arbeit kann man entweder auf eigene Faust tun, im Gespräch mit anderen Menschen oder auch unter fachmännischer Begleitung, z.B. innerhalb eines psychotherapeutischen Rahmens. Nach meiner Auffassung können sich diese Möglichkeiten ergänzen. Im folgenden werden diese drei Wege etwas näher betrachtet.

Umgang mit inneren Bildern:
Was habe ich wirklich erlebt?

Der erste Blick auf unsere Erinnerungen lehrt uns bereits, das diese unvollständig sind. Jedesmal wenn Steiner über Gedankenübungen spricht, weist er darauf hin, dass kein richtiges Denken ohne exakte Wahrnehmung bzw. exakte Erinnerung möglich ist.[15] So fragt er sich, wie man überhaupt über jemanden, dem man gestern begegnet ist, sprechen kann, wenn man nicht mehr weiß, welche Kleidung dieser trug. Ähnliches gilt auch für unsere Erinnerungen. Nehmen wir ein Beispiel: Sie erinnern sich, dass Sie einmal in der Oberstufe von Ihren Klassenkameraden gehänselt wurden und im weiteren Verlauf eine Strafarbeit bekamen. Sie erinnern sich heute noch an die hämische Reaktion der anderen Schüler, die Sie zutiefst verletzte. Das Gefühl, nicht ernst genommen zu werden, beschleicht Sie auch heute noch, wenn Sie in einer Konferenz sind. Schauen wir uns die damalige Situation einmal genauer an. Es ist durchaus verständlich, dass das Erlebnis schmerzhaft für Sie war. Aber fällt Ihnen nicht auf, dass Ihre Erinnerungsbilder ziemlich unvollständig sind? Was ist damals genau geschehen? Lag der Grund, weshalb Sie gehänselt wurden, vielleicht darin, dass Sie verlegen waren oder mit Ihren Gedanken woanders? Hatten Sie vor etwas Angst? In welchem Augenblick griff der Lehrer ein? Was machten Sie gerade in diesem Moment? Waren Sie vielleicht verliebt d träumten vor sich hin? Was war diesem Vorfall nst noch vorangegangen? Waren Sie vorher vielcht von jemandem abgewiesen worden? Wie war aas soziale Miteinander innerhalb der Klasse? Können Sie sich vielleicht daran erinnern, ob Sie den Lehrer mit Ihrem Benehmen provozierten? Wie sah er Sie eigentlich an?

Ich bin davon überzeugt, dass es wichtig ist, auf all diese Einzelheiten einzugehen. Es ist, als ob man dadurch eine neue Wahrnehmungsart entwickelt. So löst man sich entschieden von seinen festen Ansichten über die Vergangenheit und über sich selbst und betrachtet das Vergangene mit neuen Augen. Man klebt nicht mehr so stark an den althergebrachten Vorstellungen und den Bildern, die man von sich selbst hatte. Indem man Abstand gewinnt, eröffnet sich eine Möglichkeit, den früheren Vorgängen neue Seiten abzugewinnen. Kehren wir zu dem obigen Beispiel zurück, dann könnte die neue Einsicht so aussehen: Sie *dachten,* dass Sie damals gehänselt wurden, aber im Grunde wollten die anderen Schüler nur Ihre Aufmerksamkeit beanspruchen. Sie selbst *meinten,* dass Sie schüchtern waren, aber eigentlich wirkte Ihre Haltung überheblich und provozierend auf den Lehrer.

Durch eine solche Beschäftigung mit den eigenen Erinnerungen vertieft man das Verständnis für den verborgenen Zusammenhang der Ereignisse, die sich um die eigene Person herum abspielen. Obwohl es zunächst den Anschein hat, dass der

Mensch durch den Umgang mit seinen Erinnerungsbildern in Kontakt mit sich selbst tritt, wird sich bald herausstellen, dass er vor allem in Kontakt mit seiner Umgebung kommt. Wer das nicht erwartet, wird davon sehr überrascht sein.

Durch die Konfrontation mit sich selbst intensiviert sich die Wahrnehmung für den Teil der Erde, mit dem man nun einmal, freiwillig oder unfreiwillig, zu tun hat. Diese persönliche Beziehung kann entstehen, weil Bilder von der Umgebung eine unmittelbare Verbindung mit dem Menschen eingehen und ihn so in Bewegung bringen.

Das, was hier als ein *bewusster* Prozess dargestellt wird, spielt sich in der Pubertät als ein *natürlicher* Prozess ab. Während der Pubertät, ungefähr zwischen dem 14. und 21. Lebensjahr, entsteht die Verbindung des Menschen mit der Welt. Die Auseinandersetzungen mit der Außenwelt sind heftig, direkt und lebendig. Jeder Eindruck und jedes Bild wirkt wie ein unmittelbarer Appell an die Seele des jungen Menschen.

Gewohnheiten als Kräfte im Menschen

Bisher haben wir die Erinnerungen in ihrer ›filmischen‹ Qualität untersucht. Wir fragten uns: Was ist damals wirklich geschehen? Wie war der genaue Verlauf? Wer tat etwas und was tat diese Person? Wie schon dargestellt, haben wir es bei dieser Art Übung mit dem *Bildcharakter* der Erinnerung zu tun. Die Erinnerungen an bestimmte Begebenheiten können aber auch auf solche Weise wirken, dass nicht ihre Bildhaftigkeit der wirksamste Faktor ist, sondern dass sie als eine besondere *Kraft* im Menschen eingepflanzt werden, die ihn zur Wiederholung bestimmter Handlungen zwingt. Diese Art Erfahrungen leben als Gewohnheiten in uns weiter. Selbstverständlich geschieht das Hervorholen von vergangenen Geschehnissen immer über den Bildcharakter der Erinnerung; doch muss man auch lernen, den inneren Kräften Aufmerksamkeit zu schenken, die als Folge dieser Erfahrungen freigesetzt werden. In der Lebensphase von etwa sieben bis vierzehn Jahren nämlich fangen bestimmte Erfahrungen in der menschlichen Seele an, als gestalterische Kräfte zu wirken, und es werden Gewohnheitsmuster angelegt. Unbewusst entwickelt das Kind eigene Lebensstile und diverse Strategien, um Probleme zu lösen. Steiner schildert, wie in diesem Zeitabschnitt der ätherische Leib, von ihm auch manchmal als ›Gewohnheitsleib‹ bezeichnet, gebildet wird.

Diese Gewohnheiten haben grundsätzlich einen bildenden Wert für das spätere Leben. Sie leben im Menschen weiter, ob er das will oder nicht. Blickt er in einem späteren Lebensalter auf dieses zweite Jahrsiebt zurück, dann sieht es für ihn so aus, als ob dort die Fäden lägen, die ihn an seine Vergangenheit binden und von denen er sich nicht befreien kann, so gerne er das auch täte. Das zweite Jahrsiebt ist diejenige Phase, die der Mensch am meisten in sich selbst als Gegenkraft erlebt in dem

Bestreben, derjenige Mensch zu werden, der er sein möchte.

Die Gewohnheitsmuster, die in dieser Lebensphase angelegt wurden, präsentieren sich spätestens dem Menschen erneut und dann mit voller Wucht, wenn er einen Partner und Kinder hat. In den hartnäckigen Auseinandersetzungen, die er dann mit seinem Lebensgefährten darüber führt, welche Regeln den Kindern beigebracht werden müssen, wirkt die Kraft der eigenen anerzogenen Gewohnheiten weiter. In einem anderen Fall hat ein Partner vielleicht die Gewohnheit, immer die Schuld für jeden Fehler beim anderen zu suchen. Dass er dies als starres Muster in sich hat, dringt nicht bis in sein Bewusstsein vor, denn er hat nun einmal gelernt, alles unter diesem Blickwinkel zu betrachten.

Im zweiten Jahrsiebt, das als die Erziehungsphase par excellence erfahren wird, sind also die Gewohnheiten in der Umgebung des Kindes die wesentlichen bildenden Kräfte: Wurde abends in der Familie vorgelesen? Wie wurden die Kinder ins Bett gebracht? Wie waren die Tischsitten? Durfte jeder am Tisch mitreden? Musste man auch das essen, was man nicht mochte? Gab es viel Streit? Wer machte morgens das Pausenbrot? Wie war die Reihenfolge beim Aufstehen? War die Atmosphäre in der Schule besonders streng oder eher liberal? Wie war der Umgang mit den Eltern: natürlich und entspannt oder eher steif? Hatte man in diesem Alter bereits feste Reaktionsmuster, um mit bestimmten Situationen fertig zu werden? Die Gewohnheiten, mit denen das Kind aufwächst, wirken im späteren Leben als Richtung gebende Kräfte.

Im Laufe unseres Lebens kommen wir manchmal an einen Punkt, an dem wir spüren, dass die Zeit reif ist, uns der eigenen Vergangenheit zuzuwenden und von nun an der eigenen Biographie selbst Gestalt zu geben. Bisweilen geht diese Einsicht mit einer ernsten Krise einher. Eine wichtige Rolle hierbei spielt die Form der Partnerschaft. Heutzutage stammt der Lebensgefährte nur noch selten aus dem direkten sozialen Umfeld und hat somit nicht dieselben vertrauten Gewohnheiten wie man selbst. Vielmehr wählen wir, unabhängig von Herkunft und Erziehung, einen Partner aus rein persönlichen Gründen. Unvermeidlich wirft eine solche Beziehung uns ein wenig aus der gewohnten Bahn, weil wir in unserem Handeln nicht länger von der Erziehung getragen werden, die wir genossen haben. Diese Lebenskrise ist unvermeidbar, aber notwendig.

Denn sie birgt eine Aufgabe in sich. Der Mensch sieht sich aufgefordert, einen neuen ›Gewohnheitsleib‹ als fruchtbares Fundament für sein weiteres Leben aufzubauen. Neue Lebensgewohnheiten werden gesucht: Wie wollen wir Weihnachten feiern? Was für ein Verhältnis möchte die Familie zur Nachbarschaft, zur Gesellschaft aufbauen? Glauben wir, dass die Kinder durch Computerspiele gefördert werden? Wie richten wir die häusliche Arbeit ein, da man heute nicht mehr von einer festen Wocheneinteilung wie ›Montag-Waschtag‹ ge-

tragen wird? Wie gelingt es, die Verhaltensmuste
eines Elternhauses mit Alkoholproblemen zu übe:
winden?

In dieser Phase der biographischen Forschung
tritt erneut eine Überraschung auf. Die erste war,
dass der Mensch durch den Bildcharakter der Erinnerung nicht zur eigenen Innenwelt geführt wird,
sondern zur Außenwelt hin. Die neue Überraschung ist, dass die Suche nach den Grundmustern
der elterlichen Erziehung ihn schließlich zu sich
selbst führt. Er wird mit Eigenschaften konfrontiert, die er, ohne es zu wollen, in seiner Kindheit
erworben hat. Weil er hinter manchen nicht mehr
stehen kann, will er sie ändern. So kann er sich z.B.
folgendes fragen: Was mache ich mit dem Problem,
dass ich morgens nur schwer aus dem Bett kom-
me? Wie gehe ich mit der Angewohnheit um, immer die Schuld bei anderen zu suchen? Wie begeg-
ne ich der Tatsache, dass früher meine Mutter immer jedes Hindernis für mich aus dem Weg räum-
te? Wie gehe ich mit der Erkenntnis um, dass meine Eltern nur Zeit für mich hatten, wenn ich krank
war oder Schmerzen hatte?

Viele Lebensprobleme bleiben ungelöst, weil der
Mensch nicht genügend von dem Gedanken durch-
drungen ist, dass in jeder Altersphase Selbsterziehung zu seiner Aufgabe gehört. Auf keiner Stufe
der menschlichen Entwicklung geht alles von alleine. Die Erfahrung lehrt uns, dass das Gewissen
sich irgendwann meldet, wenn wir einfach eine bestimmte Angewohnheit oder Unsitte in unserem

Verhalten auf unsere Erziehung zurückführen und gar nicht einmal versuchen, uns selbst zu ändern, oder uns womöglich sogar als Opfer aufspielen.

Beim Erwachsenen ist das Ich die Instanz, die den in der Jugend gebildeten Ätherleib umgestaltet. Dieses erzieht den Gewohnheitsleib aufs Neue nach den Prinzipien, die es für richtig und geeignet hält. Das Ich möchte den Ätherleib in ein dynamisches Gleichgewicht mit der Umgebung bringen, indem es neue Lebensmuster, die ihm wertvoll scheinen, einführt. *Gedachte* Wahrheiten können im Ätherleib zu *gelebten* Wahrheiten werden.

In dieser Umbruchsituation erweist sich der Umgang mit sich selbst als sehr mühsam. Es ist nicht einfach, den Kampf mit diesem Kräftefeld aufzunehmen, das einzig und allein das Bestreben hat, weiterhin wie gewohnt zu funktionieren, und das blind und taub für jeglichen Erneuerungsversuch ist. Der alte Gewohnheitsleib wird nur durch ausdauerndes Bemühen zu einer neuen Lebensstrategie gezwungen. Einen bequemen Weg oder einen Schleichweg gibt es nicht. Die Umgestaltung richtet sich nicht nur auf die Ausmerzung der alten Lebensmuster, sondern ebensosehr auf das Erlernen von neuen Verhaltensweisen. So kann z.B. das Disponiertsein zum Alkoholismus durch aktive Beteiligung am Familienleben oder durch Aufgreifen einer neuen, den Menschen erfüllenden Freizeitaktivität ersetzt werden. Immer wiederkehrende Phasen von aggressivem Verhalten können vielleicht durch eine Umgangsform, die von Herzlichkeit und Interesse gekennzeichnet ist, abgelöst werden. Ein Mensch, der in der Abhängigkeit von anderen lebt, findet womöglich den Weg zur Selbstbestimmung.

Oft verfällt man hier folgendem Irrtum: Wäre mir die Ursache meiner Probleme oder falschen Verhaltensmuster bekannt, so würde ich diese bestimmt beheben können. Das trifft aber für alles, was den Gewohnheitsleib angeht, nicht zu. Ob man Einblick in die Ursache hat oder nicht, der Kampf *muss* geführt werden. Häufig verbirgt sich hinter diesen Worten eine Art Ausrede. In Wirklichkeit ist es so, dass das Ich vor den Aufgaben zurückschrickt, bei denen Durchhaltevermögen erforderlich ist. Das Ich neigt dazu, sich in einem solchen Fall in Betrachtungen, Spekulationen und in der Suche nach den Ursachen zu verlieren. Es ist dabei zwar vollauf mit sich selbst beschäftigt, aber in einer unproduktiven Richtung.

Die frühesten Einflüsse auf den Menschen. Wie erlebe ich mein Ich?

Wir haben gesehen, dass von der Pubertät an Erfahrungen vor allem Bildcharakter haben, während diejenigen, die zwischen Schulreife und Pubertät gesammelt werden, vorrangig als Kraftquelle wirken. Was ist nun für diejenigen Erlebnisse kennzeichnend, die noch vor der Schulreife stattgefunden haben? Die Forschung in dieser Lebensphase gestaltet sich dadurch komplizierter, dass wir von den drei ersten Lebensjahren im allgemeinen keine Erinnerungen haben. Was ist eigentlich mit den damaligen Eindrücken passiert?

Wenn wir dem nachgehen wollen, müssen wir zunächst einen Exkurs über die Sinneslehre einschalten. Rudolf Steiner unterscheidet zwölf Sinne: die höheren oder geistigen Sinne, nämlich Ichsinn, Gedankensinn, Sprachsinn und Gehörsinn, dann die eher ›materiellen‹ Sinne, nämlich Wärmesinn, Sehsinn, Geschmackssinn und Geruchssinn, und schließlich die dritte Gruppe, bestehend aus Gleichgewichtssinn, Bewegungssinn, Lebenssinn und Tastsinn.[16] Für unser Thema der ersten Lebensjahre sind vor allem die der letzten Gruppe wichtig, die gewöhnlich als die Leibessinne oder unteren Sinne bezeichnet werden.[17]

Alles, was von der Außenwelt durch die Pforte der Wahrnehmung ins menschliche Innere hereinkommt, arbeitet am Aufbau des Leibes mit. Bestimmte Sinneseindrücke fördern die kindliche Entwicklung, andere dagegen bremsen oder schädigen sie. So finden wir die frühkindlichen Eindrücke und Lebenserfahrungen in der Qualität unseres physischen Körpers und unserer Konstitution eingeprägt.

Unsere Konstitution wiederum bestimmt, inwieweit unser Ich eine brauchbare Basis für die Ausführung seines Lebensplanes vorfindet. Das Ich ist in seiner Funktion nicht unabhängig von der Beschaffenheit des Leibes. Ob dieses Fundament harmonisch, ausgewogen, lebenstüchtig und kräftig angelegt worden ist oder nicht, bestimmt die Möglichkeiten, die das Ich zur Verfügung hat, um in der Welt tätig zu sein und somit sich selbst als harmonisch, ausgewogen, lebenskräftig und stark zu erleben. Meistens wird im allgemeinen Sprachgebrauch dieser Unterschied zwischen Konstitution und Ich nicht gemacht. Wir sagen einfach: Ich fühle mich unausgeglichen, schwach usw. Aber im Grunde ist es das Ich, das auf eine unausgeglichene oder schwache Konstitution trifft, so dass ihm die Möglichkeit genommen wird, sich harmonisch oder stark zu fühlen. In diesem Fall ist also viel Arbeit zu leisten – keine Arbeit im Bereich der Gefühle, sondern direkt an der körperlichen Konstitution. Welchen Charakter haben die unteren Sinne, und wie tragen sie zur Entwicklung unserer Konstitution bei?

Durch die Tätigkeit des *Tastsinns* wächst in uns bereits in den ersten Lebenstagen eine äußerst essentielle Lebenserfahrung. Diese Art der Wahrnehmung eröffnet uns den Unterschied zwischen ›Ich‹ und ›Nicht-Ich‹. Dadurch lernt das Kind jenes Gebiet kennen, in dem es selbst nicht ist, und gleichzeitig erfährt es die Grenze, hinter der das Andere, das Fremde beginnt. Während des Tastvorgangs streben wir zwar nach außen, aber im Grunde finden wir dadurch unseren ureigensten inneren Raum, in dem dann die Fähigkeit entsteht, uns selbst zu erleben. Diese Wahrnehmung wird durch die rhythmisch wiederholte Berührung möglich gemacht, die von den Menschen der Umgebung mit Liebe und Respekt ausgeführt wird.

Schaden entsteht durch unrhythmische Berührung: heute macht man es so, morgen ganz anders. Oder wenn es eine zu große Anzahl wechselnder Betreuer gibt. Auch durch eine respektlose Haltung, die bestimmte Grenzen überschreitet – Missbrauchserfahrungen sind davon das stärkste Beispiel – wird dem kleinen Kind Schaden zugefügt. Aber eine Schädigung tritt selbst dann schon auf, wenn man z.B. beim Anziehen am Arm des Kindes zerrt, weil es nicht genügend mithilft. Schließlich kann das Kind auch einen bleibenden Schaden davontragen, wenn es einen Mangel an ›Streicheleinheiten‹ erlebt, so dass es die Grenze zwischen Innen und Außen nicht ausreichend erfahren kann. Die Probleme, die im späteren Leben als ›Schwierigkeiten mit der Anerkennung von Grenzen‹ bezeichnet werden, sind oft auf Störungen in der frühkindlichen Entwicklung des Tastsinns zurückzuführen.

Obwohl man keine bewussten Erinnerungen an diese frühen Lebensjahre hat, kann man sich doch fragen, ob früher zu Hause überhaupt *mit Respekt und Liebe* die Privatsphäre eines jeden Hausgenossen beachtet wurde oder nicht. Daran kann man in etwa ablesen, wie mit einem als Säugling und Kleinkind umgegangen wurde, was Berührungen betrifft. Die Gewissheit, in einer Periode seines Lebens mit Liebe und Respekt behandelt worden zu sein, stellt eine unschätzbare Kraftquelle im späteren Leben dar.

Durch den *Lebenssinn* nimmt man den eigenen inneren Zustand wahr: ob man gesund oder krank, glücklich oder unglücklich ist. In den ersten Lebensjahren ernährt sich dieser Sinn durch die Lebensfreude, die die Umgebung ausstrahlt. Die warme Atmosphäre, in der das kleine Kind aufwächst, erzeugt in dem seelischen Raum, der durch die Aktivität des Tastsinnes entstanden ist, eine innere Bewegung und die Wärme einer sich selbst erlebenden Dynamik. Auf dem direktesten Weg springt eine Wirkung von den Eltern auf die Kinder über; die freudige Stimmung der Eltern schafft auch eine freudige Stimmung bei den Kindern und bewirkt ein kräftiges, vitales Funktionieren des Organismus. Eine häusliche Atmosphäre dagegen, die von Sorgen, Leid und Schwermut geprägt ist, lässt den Lebenssinn und damit auch den physischen Organismus verkümmern. Wer wissen möchte, unter welchen Umständen sich sein Lebenssinn entwickelt hat, muss sich auf *die Stimmung der Eltern* in seinen ersten Lebensjahren konzentrieren.

Als nächstes erlebt das Kind durch den *Bewegungssinn* seine eigenen Bewegungen. Dabei ahmt es die Vorbilder nach, die es in seiner Umgebung vorfindet: die Bewegungen der Eltern und Geschwister. Es nimmt also die Qualität der Bewegung in sich auf; der Sinn der Handlungen ist hierbei von geringerer Bedeutung. Bewegungsarmut bei den Eltern führt zu einem dürftigen Bewegungssinn beim Kind; eine differenzierte reiche

Gestik dagegen ruft Bewegungsreichtum beim Kind hervor. Dieser Sinn ist stark mit Eigenschaften wie Zielstrebigkeit und Tüchtigkeit im späteren Leben verbunden. Die Fähigkeit, arbeiten zu können, entsteht aus der Fähigkeit, sich bewegen zu können, und hat also ihren Ursprung nicht darin, sich selbst Anforderungen zu stellen – dabei verkrampft man sich in der Arbeit nur. Man kann viel über den eigenen Bewegungssinn lernen, indem man sich in die *Qualität der Bewegungen seiner Eltern* vertieft.

Zusammenfassend kann man sagen, dass der Tastsinn den *Raum* für das Ich erschafft, wobei dieses wiederum durch den Lebenssinn zur *inneren Dynamik* erweckt wird und durch den Bewegungssinn eine *Beziehung zur Umgebung* knüpft. Dieser Prozess verläuft von innen nach außen.

Zu diesen drei gesellt sich noch der *Gleichgewichtssinn*. Er hat sozusagen eine ausgleichende Funktion und bringt die verschiedenen Richtungen und Verhältnisse zur Erfahrung: oben-unten, hinten-vorne, größer-kleiner. Durch ihn erhalten alle Dinge ihr eigenes Maß. Dieser Sinn hat eine besondere Beziehung zur Zeit. Manchmal setzt er den Menschen sogar kurz aus jeglicher Zeit heraus, gleichsam um Bilanz (Balance) zu ziehen, im Gegensatz zum Bewegungssinn, der immerzu Zeit konsumiert. Der Gleichgewichtssinn blüht auf, wenn in der Erziehung Harmonie und Kontinuität herrschen, wenn die Eltern sich Zeit nehmen, um aufmerksam auf die täglichen Dinge einzugehen. Störungen können auftreten durch unrhythmische Handlungen, häufige Umzüge oder durch Hetze und zu schnelle Veränderungen, aber andererseits auch durch einen Mangel an Schwung und Lebendigkeit. Später spielt der Gleichgewichtssinn eine wichtige Rolle in der Bildung der Urteilsfähigkeit.

Indem wir den unteren Sinnen genügend ›Nahrung‹ geben, wird für das Leben eine fruchtbare Form des Zusammenwirkens von physischem Leib und Ich aufgebaut. Wer sich also auf die Suche nach seinen früheren Erinnerungen begibt, muss schauen, inwieweit die Zusammenarbeit zwischen seinem Körper und seinem Ich gelingt. Optimal ist es, wenn sie zu einer Selbstverständlichkeit geworden ist, wenn die Koordination bis in die einfachsten Dinge hinein stimmt, z.B. dass es mir gelingt, ein Buch zu dem Zeitpunkt zu lesen und auf die Weise, wie ich das will. So wird der physische Körper zum Instrument für das Ich. Mit dem handlungsfähig gewordenen Ich muss der Mensch später den Gewohnheitsleib aufbauen und lernen, seine Erinnerungen bildhaft zu gestalten. Somit ist die Aufbauphase beendet, der Mensch befindet sich nun auf der Grenze zum Erwachsensein. Hat sich dieses Instrumentarium aber nur mangelhaft entwickeln können, so fehlt dem Ich eine geeignete Basis, um mit dem Leben fertig zu werden.

Die moderne Psychologie, in der die Ich-Psychologie eine wichtige Strömung vertritt, beschäftigt sich in letzter Zeit immer mehr mit den spezifischen Problemen des Ich. Dabei stellt sich heraus, dass heutzutage bei vielen Menschen das Ich bis in seiner innersten Struktur angegriffen ist. Es geht hierbei nicht um eingrenzbare Problembereiche, sondern um das Versagen der Persönlichkeit als Ganzer. Immer mehr wird die Persönlichkeitsstörung, wobei die *Borderline-Erkrankung*[18] eine der bekannteren ist, zum zentralen Forschungsobjekt.

Freud hat darauf hingewiesen, dass wir mit der Tatsache leben müssen, dass wir alle ›neurotisch‹ sind, d.h. dass unser jetziges Handeln und Fühlen Muster aufweist, die wir uns in früheren Lebensphasen angewöhnt haben, die aber zur gegenwärtigen Situation nicht mehr passen, selbst wenn unser Ich noch intakt ist. Die moderne Psychologie geht ebenfalls davon aus, dass jeder Mensch unter Persönlichkeitsstörungen leidet. Das Funktionieren des Ich selbst ist in den Mittelpunkt des Interesses gerückt. Meistens kommt der Mensch dabei zu der Erkenntnis, dass sein Ich den Anforderungen, die er sich selbst und dem Leben stellt, nicht gewachsen ist.

Ist es möglich, als Erwachsener in irgendeiner Weise auf die Folgen der frühesten Erfahrungen Einfluss auszuüben? Unsere Erzieher sind an unserer Entwicklung vielfältig beteiligt: durch Respekt und Liebe (im Zusammenhang mit dem Tastsinn), durch ihre Lebensfreude (im Zusammenhang mit dem Lebenssinn), durch ihre beseelte Gebärdensprache (im Zusammenhang mit dem Bewegungssinn) und ihre innere Ausgeglichenheit (im Zusammenhang mit dem Gleichgewichtssinn). Das, was man als Kind auf diese Weise passiv empfangen hat, vermag man im späteren Alter aktiv auszustrahlen.

Auch auf dieser Stufe bietet die biographische Arbeit eine überraschende Entdeckung. Wer als Erwachsener in sich selbst diejenigen Eigenschaften entwickelt, die in den ersten Lebensjahren für das Wachstum des Kindes von vitaler Bedeutung sind, nämlich Liebe, Respekt, Lebensfreude, innerer Reichtum und Harmonie, regt seine Gesundheit an bis ins Physische hinein. Diese Qualitäten kann man nun wiederum in seiner Umgebung einsetzen, so dass sie zu *lebensspendenden* Fähigkeiten werden. Dadurch vermögen sie metamorphosierend auf das körperliche Dasein einzuwirken. Nur durch die Entwicklung solcher zukunftsorientierten, wahrlich menschlichen Eigenschaften schafft der Mensch es, die Störungen im Aufbau des Ich zu beheben. Diese Aufgabe ist viel zu wichtig, als dass man ihre Bewältigung davon abhängig macht, inwieweit man von den Eltern in diesem Sinne beschenkt worden ist.

Eine weitverbreitete Meinung ist: ›Ich kann nicht etwas wegschenken, was ich nie bekommen habe. Zunächst muss ich das nachholen, was meine Eltern mir schuldig geblieben sind. Erst wenn ich genügend aufgenommen habe, kann ich den anderen Menschen das Empfangene zur Verfügung stellen.‹ Das ist nicht unwahr, aber eine tiefere Wahrheit besagt, dass die Fähigkeit zu empfangen in dem Maße wächst, wie die Fähigkeit wegschenken zu können zunimmt. Wenn jeder sich entscheiden würde, nicht mehr Liebe zu geben, als er selbst empfangen hat, würde die Liebe aussterben.

Wir haben nacheinander drei Ebenen der Erinnerung geschildert: Erfahrungen, die als Bild in uns weiterleben, solche, die als Kraft in uns wirken und schließlich diejenigen, deren Einfluss daran zu erkennen ist, wie wir unser Ich erleben. Auch haben wir gesehen, dass der vertiefte Umgang mit den persönlichen Erinnerungen letztlich nicht das Ziel hat, tiefer in die Vergangenheit hineinzuführen, sondern uns neue Zukunftsperspektiven eröffnen kann.

Die eigenen *Lebensbilder* sollten nicht nur eine Quelle von Freude oder Leid sein, sie können auch sogar zur Erkenntnisquelle werden, die uns lehrt, wie das Leben ist und was es von uns will. Die Bilder weisen uns einen neuen *Weg*. Zwar wurden wir in der Kindheit von bestimmten *Kräften* gestaltet, aber das heißt nicht, dass deren Möglichkeiten oder Versäumnisse in unserem Charakter unabänderlich sind. Durch die Konfrontation mit ihnen werden wir vielmehr aufgefordert, unser Geschick in die eigene Hand zu nehmen und eine individuell fruchtbare Lebensform zu finden. Ausgehend von diesen Kräften dürfen wir unsere eigenen existentiellen Wahrheiten suchen und entwickeln. Die neugewonnene Erkenntnis des *Fundamentes,* das in den ersten Lebensjahren gelegt worden ist, weckt in uns die Frage, wie wir von nun an die Qualität unseres Lebens selbst beeinflussen können.

Der Hauptdarsteller in diesem Entwicklungsprozess ist das menschliche Ich. Dieses bleibt nicht bei der Heraufbeschwörung der Vergangenheit, d.h. bei den Erinnerungen stehen. Vielmehr fügt das Ich alledem etwas hinzu. Die Erziehung, die zunächst von außen auf das Kind einwirkte, wird im Erwachsenenalter von der Selbsterziehung abgelöst, die nun von innen heraus ihre Wirksamkeit entfaltet.

Ausgehend vom anthroposophischen Menschenbild können wir sagen, dass das Ich im Leben – und über den Weg der Selbsterkenntnis oder der Psychotherapie – seine Aufgabe erfüllt, indem es an den menschlichen Wesensgliedern arbeitet: das Ich arbeitet durch Entwickeln von Lebensfreude und Liebe am physischen Leib (der im ersten Jahrsiebt von außen aufgebaut wurde), es arbeitet am Ätherleib (der seine Gestalt zwischen dem siebten und vierzehnten Lebensjahr erhalten hat), indem es im Erwachsenenalter eine eigene Lebenswahrheit aufbaut. Schließlich arbeitet das Ich am Astralleib (der erst zwischen dem vierzehnten und einundzwanzigsten Lebensjahr frei wird), indem es seinen eigenen Weg in der äußeren Welt sucht. Auf diese Weise legt auch das Ich einen Entwicklungsweg zurück. Es verwirklicht in und um sich die drei christlichen Prinzipien, die als ›der Weg, die Wahrheit und das Leben‹ bezeichnet werden.

Das Ich entwickelt sich über seine Erfahrungen und also auch über die Auseinandersetzung mit den Erinnerungen. Deshalb steht der meditative Umgang mit Erinnerungen nicht nur im Dienste der psychischen Problembewältigung, sondern er nimmt einen zentralen Platz im Entwicklungsprozess der Persönlichkeit ein.

Epilog
Erinnerung und Gewissen

Auch wer nicht aus freiem Entschluss den Weg der Selbsterkenntnis einschlägt, wird durch die heutige Zeit förmlich zu dieser Arbeit gezwungen. Heutzutage durchbricht der Mensch mutwillig den natürlichen, selbstverständlichen Lauf der Dinge. Wir halten uns nicht mehr an die Rhythmen von Tag und Nacht (wer lebt noch nach dem Spruch: ›Morgenstund' hat Gold im Mund‹?). In einer Familie mit einem Kind, in der beide Eltern berufstätig sind, geht das Kind in eine Kindertagesstätte (die Politiker ziehen aus diesen veränderten Familiensituationen die Folgerung: Da der Einfluss der Kindertagesstätten zunimmt, muss man ihnen nicht nur eine betreuende, sondern auch eine fundamental erzieherische Aufgabe zuerkennen). Der Mensch macht in zunehmendem Maße von der Möglichkeit Gebrauch, durch Drogenkonsum sein Bewusstsein künstlich zu verändern (›die Schädlichkeit von Haschisch ist nicht bewiesen‹). Seinen Körper kann heute jeder nach der Mode des Tages modellieren, bemalen oder verstümmeln.

Der Mensch hat nicht vor, diese ›Rechte‹, die er für sich in Anspruch nimmt, wieder aufzugeben.

Jedoch weiß er nicht genau, was sein Handeln für Folgen haben wird. Die Lebensweisheiten, die seit alters von einer Generation auf die nächste übertragen wurden, brachten an den Menschen Gesetzmäßigkeiten heran, die seinem Tun und Lassen Richtung gaben. Der heutige Mensch verwirft aber diese Art Weisheit, er will selbst bestimmen, was er tut. Da wir den vorgezeichneten Pfad verlassen haben, müssen wir auf der Suche nach einer individuell gestalteten Lebensweisheit neue Wege erschließen.

Diese Problematik könnte man auch so beschreiben, dass *das Gewissen den Menschen verlassen hat*. Es wirkt nicht mehr länger als eine zwingende Kraft in uns, die uns lange Schutz geboten hat. Fortan müssen wir die Aufgabe selbst übernehmen, aus den Kräften des Ich heraus ein neues Gewissen zu entwickeln. Den Ansatz dazu können wir in unserem Lebenslauf finden.

Damit sind wir wiederum bei unserem Thema der Erinnerung angelangt. Die Beschäftigung mit den eigenen Erinnerungen kann auf verschiedenen Ebenen einen Beitrag zur Bildung eines neuen Gewissens liefern. In den Erinnerungen liegt nicht nur der persönliche Anteil der Biographie beschlossen, sondern auch die der Biographie zugrunde liegenden allgemeinen Gesetzmäßigkeiten. Nehmen wir als Beispiel die Pubertät. Statt das Augenmerk wie bisher auf die Frage zu richten, wie man selbst diese Phase erlebt hat, fragt man sich in der nächsten Übung, was das wesentliche Merkmal der Pubertät eigentlich ist. Man muss hierbei *zwischen Persönlichem und Überpersönlichem unterscheiden lernen.* Eltern, die Kinder in der Pubertät haben, sollten bei der Erziehung nicht ihre eigenen Erfahrungen als Leitfaden nehmen, wie z.B. ›Ich habe als Heranwachsender keine Freiheit gekannt. Das möchte ich meinen Kindern nicht antun, also dürfen sie abends so spät nach Hause kommen, wie sie wollen.‹ Viel sinnvoller ist es, sich von den Gesetzmäßigkeiten der menschlichen Entwicklung führen zu lassen. Jeder Jugendliche möchte nämlich seine Ideale mit den Möglichkeiten verbinden, die die Welt ihm bietet, um sie auf diese Weise zu verwirklichen. Die Aufgabe des Erziehers besteht nun darin, ihn in die große Welt hineinzuführen und ihm zu zeigen, das diese eine gute Wirkungsstätte für Ideale ist. Diese Essenz der Pubertät kann man aus den eigenen Erinnerungen herausdestillieren. Ist der Übergang vom persönlichen zum überpersönlichen Bereich erst einmal gemacht, entsteht eine fruchtbare Grundlage für das zukünftige Handeln.

Auch auf einer anderen Ebene können wir an dem Aufbau eines neuen Gewissens arbeiten. Dazu richten wir unsere Aufmerksamkeit auf die Folgen, die das eigene Handeln für uns selbst hat, nicht nur die direkten sichtbaren Folgen, sondern auch die Langzeitfolgen, die manchmal sehr schwer zu erkennen sind, weil sie sich maskieren und verstecken. Was hat es z.B. für eine Wirkung, wenn ich täglich meditiere; welche Veränderungen kann ich wahrnehmen? Wie wirkt ›Techno‹ auf meine Stimmung und also auch auf meine Haltung anderen Menschen gegenüber? Was geschieht beim Konsum von bewusstseinserweiternden Mitteln, wie lange spüre ich die Nachwirkungen und in welchen Bereichen? Wer aus dieser Perspektive seine Erinnerungen betrachtet, dem werden die Augen für die Prozesse geöffnet, die sich in seiner Biographie abspielen. Er sieht, welchen Einfluss die Dinge auf ihn haben. Statt die Erinnerungen nur als solche wahrzunehmen, entdeckt er deren Wirkungen. Dieser Erkenntnis kann er in Zukunft Rechnung tragen.

Es ist jedoch nicht einfach, ohne Hilfe anderer Menschen eine Sicht auf die Wirksamkeit des ›Überpersönlichen‹ zu erlangen. Wer sich alleine an die biographische Arbeit macht, kann meistens nur einen einzigen Aspekt der gesamten Wirklichkeit überblicken. So schafft der Übende es beispielsweise nicht allein, den tieferen Sinn der Pubertät zu ergründen oder die Auswirkung der Tageszeiten auf die eigene Vitalität zu erforschen. In diesen Bereichen ist der Austausch mit anderen Menschen notwendig. Ob das in Gesprächen, Workshops oder durch Lesen von Büchern geschieht, sollte jeder selbst entscheiden.

Auch die Frage von Krankheit und Tod kann man schwerlich im Alleingang lösen, denn dieses Themenfeld ist sehr komplex, wie es so weitreichende Fragen andeuten: Was ist der Sinn der Krankheit? Welcher Prozess vollzieht sich beim

Sterben? Ist die letzte Phase des Menschenlebens immer eine sinnvolle Zeit oder kann man auch von einem sinnlosen Sterbelager reden? Vielleicht handelt es sich auch um ein ganz persönliches Problem: Was passierte mit mir, als ich damals chronische Schmerzen hatte? Oder: Wie ist meine Mutter gestorben, zu welchem Zeitpunkt versöhnte sie sich doch noch mit ihrem Leiden und Sterben? Welche Erfahrungen haben andere Menschen auf diesen Gebieten? Die eigenen Erinnerungen beziehen sich nun einmal nur auf einen Teil dieser Prozesse.

Auch auf einem dritten Gebiet kann man dem Zusammenhang zwischen Erinnerung und Gewissen auf die Spur kommen. Hierzu sollte man die Folgen betrachten, die die eigenen Taten in der Außenwelt haben. Jede Handlung, die man in der Vergangenheit verrichtet hat, hatte eine gewisse Folge in der Außenwelt nach sich gezogen und bildete wiederum den Anfang einer neuen Reihe von Ereignissen. Der Mensch drückt fortwährend der Umgebung seinen Stempel auf. Weil jemand z.B. seinen Kollegen gekränkt hat, hat dieser eine neue Stelle gesucht (wo es ihm besser gefällt). Wer billigen Kaffee kauft, hilft mit, die Ausbeutung der Bauern in Südamerika aufrecht zu erhalten, und wer Haschisch kauft, trägt dazu bei, dass die kriminelle Organisation sich immer mehr ausbreitet.

Wir müssen *lernen*, die Spuren dieser Wirksamkeiten wahrzunehmen. Das geht nicht von allein;

nur wer aktiv wird, kann die Folgen seiner Handlungen entdecken.

So könnten Sie sich z.B. während einer Art Übung vorstellen, dass Sie selbst unsichtbar wären, dass es Sie gewissermaßen nicht gibt und Sie nur die Folgen Ihrer Taten sehen könnten. Sie nehmen also nicht das Dasein innerhalb der eigenen Haut wahr, sondern ausschließlich das Dasein außerhalb der eigenen Person. Sie sehen nur, was Ihr Handeln in der Außenwelt bewirkt. Jetzt können Sie sich die Frage stellen: Willst du dich mit dem identifizieren, was du bewerkstelligt hast? Auch hier sind es die Erinnerungen, die uns den Zugang zu dieser Region unserer Existenz eröffnen.

Je schärfer man sich der Folgen seiner Handlungen bewusst wird, desto stärker wird das eigene Verantwortungsgefühl. Manche Menschen, besonders jüngere, haben ein ausgesprochenes Gefühl für diese Problematik. Ihnen kann es passieren, dass sie plötzlich vor einer Leere stehen, wenn sie ihr Verhalten nicht mit Bewusstsein und in voller Verantwortung auf sich nehmen können.

Oft dringt es erst im Nachhinein zu uns durch, was wir durch unser Handeln oder gerade auch durch unser Nicht-Handeln bewerkstelligt haben. Ist es z.B. nicht tragisch, sowohl in persönlicher als auch in historischer Hinsicht, folgendes lesen zu müssen: Im Sommer 1939 hätten noch zwölf Menschen durch gemeinsame Verabredungen den Bau von Atombomben verhindern können. Diese Aussage von Werner Heisenberg, der zu dieser Gruppe

von zwölf Menschen gehörte, wird von Robert
Jungk in seinem Buch über das Schicksal der
Atomforscher zitiert.[19] Er schreibt dazu:

›Aber sie ließen diese Chance vorbeigehen. Ihre
politische und moralische Einbildungskraft versag-
te in diesem Augenblick ebensosehr wie ihre Treue
zur internationalen Tradition [einer Ethik wissen-
schaftlicher Forschung]. Weder brachten sie es fertig, ihr Denken und Handeln entschieden den
künftigen Konsequenzen ihrer Erfindung anzupas-
sen, noch hatten sie in dieser kritischen Situation
genügend Vertrauen zu den Überlieferungen ihres
Berufsstandes.‹

Zusammenfassend können wir die Beziehung zwischen Erinnerung und Gewissen so charakterisieren, dass die Erinnerungen (und natürlich auch die
neuen Erfahrungen, die wir täglich hinzufügen)
eine Grundlage für die Entwicklung eines bewusst
gestalteten persönlichen Gewissens darstellen.
Letzteres bildet sich nicht aus äußeren Vorschrif-
ten heraus, sondern durch des Menschen eigene
Kraft. Es ist das Ich, das durch den bewussten
Umgang mit den Erinnerungen moralische Qualitäten entwickelt. Hiermit haben die Erinnerungen
ihre Bestimmung gefunden.

Anmerkungen

1 J.L. Moreno, *Psychodrama*. New York 1946.
2 Der Unterschied zwischen Passivität und Aktivität ist ein zentrales Thema in der Anthroposophie. Den philosophisch interessierten Leser verweise ich auf das letzte Kapitel: *Skizzenhaft dargestellter Ausblick auf eine Anthroposophie* in Rudolf Steiner, *Die Rätsel der Philosophie*. GA 18, Dornach 1985, und auf *Anthroposophie. Ein Fragment*. GA 45, Dornach 1980.
3 Primo Levi, *Ist das ein Mensch?* München/Wien 1988.
4 Das Thema der Erinnerung wird von Rudolf Steiner behandelt in *Psychosophie. 4. Vortrag in: Anthroposophie, Psychosophie, Pneumatosophie*. GA 115, Dornach 1980.
5 Ich benutze hier die Bezeichnung ›traumatische Erinnerung‹ in einer erweiterten Bedeutung, aber wegen der Wichtigkeit dieses Themas folgt hier außerdem die Beschreibung der psychiatrischen Klassifikation DSM-IV. Von einer traumatischen Erfahrung ist die Rede, wenn die zwei folgenden Bedingungen erfüllt sind:
›(1) die Person erlebte, beobachtete oder war mit einem oder mehreren Ereignissen konfrontiert, die tatsächlichen oder drohenden Tod oder ernsthafte

Verletzung oder eine Gefahr der körperlichen Unversehrtheit der eigenen Person oder anderer Personen beinhalteten.

(2) Die Reaktion der Person umfasste intensive Furcht, Hilflosigkeit oder Entsetzen.

Beachte: Bei Kindern kann sich dies auch durch aufgelöstes oder agitiertes Verhalten äußern.‹ (In: Diagnostisches und Statistisches Manual Psychischer Störungen DSM-IV, Göttingen/Bern/Toronto/Seattle [2]1996-1998)

6 Die gängige Traumatherapie unterscheidet drei Phasen:

1) Die Stabilisierung des Zustands und die Reduzierung der Symptome. Hierbei spielen die Entwicklung einer guten Beziehung zwischen Therapeut und Patient, die psychologische Betreuung und die Medikation eine wichtige Rolle.

2) Identifikation, Untersuchung und Modifikation der traumatischen Erinnerungen durch geeignete Techniken: Hypnose, imaginative Techniken, körperorientierte Techniken, expressive Techniken u.a.

3) Verhinderung des Rückfalls, Reintegration der Persönlichkeit.

7 Viktor E. Frankl, *Logotherapie und Existenzanalyse.* Weinheim [3]1998.

Giorgio Nardone und Paul Watzlawick, *Irrwege, Umwege und Auswege.* Göttingen 1994.

8 Mathias Wais und Ingrid Gallé, *... der ganz alltägliche Mißbrauch.* Ostfildern 1996.

9 George G. Ritchie, *Rückkehr von Morgen.* Marburg [16]1990.

10 Eine gründliche Beschreibung der Temperamente findet man in: Rudolf Steiner, *Das Geheimnis der*

menschlichen Temperamente. Durch C. Englert-Faye
aus mehreren Vorträgen im Wortlaut zusammengear-
beiteter Text. Basel 1967. Siehe auch: Peter Lipps,
Temperamente und Pädagogik. Stuttgart 1998.

11 Siehe auch: Jaap van de Weg, *Vom Sinn der Hindernisse. Einweihungsmotive im täglichen Leben.* Stuttgart 1999, und Joop van Dam, *Het zesvoudige pad.
Basisoefeningen voor spirituele ontwikkeling.* Zeist
1996.

12 NRC-Handelsblad, 27.8.1994.

13 Ernest Jones, *Das Leben und Werk von Sigmund
Freud.* Bern/Stuttgart 1982.

14 Rainer Maria Rilke, *Briefe an einen jungen Dichter.*
Leipzig 1950.

15 Rudolf Steiner, *Praktische Ausbildung des Denkens.*
Dornach 1993.

16 Albert Soesman, *Die zwölf Sinne – Tore der Seele.*
Stuttgart 1995.

17 Henning Köhler, *Von ängstlichen, traurigen und un-
ruhigen Kindern. Grundlagen einer spirituellen Er-
ziehungspraxis.* Stuttgart 1994.

18 D. Beck, H. Dekkers, U. Langerhorst, *Borderline-Er-
krankungen.* Stuttgart 1998.

19 Robert Jungk, *Heller als Tausend Sonnen. Das
Schicksal der Atomforscher.* München 1994.

Ad Dekkers arbeitet als Psychologe und Psychothe-
rapeut in der Bernard Lievegoed-Klinik in Biltho-
ven bei Utrecht.

Jaap van de Weg

Vom Sinn der Hindernisse

Einweihungsmotive im täglichen Leben
88 Seiten, kartoniert

Zum Leben gehören Hindernisse und Herausforderungen. Sie tauchen oft unerwartet auf, oder wir suchen sie bewusst, weil das Leben dadurch »spannender« wird.

Aber auch die täglichen Irritationen, Auseinandersetzungen mit Partnern, Freunden und Kollegen: sind sie nur unnütze Kraftvergeudung oder zwingen sie uns nicht vielmehr, zu etwas Neuem durchzustoßen? Sind Hindernisse nicht auch Prüfungen, die uns auffordern, uns auf dem Gebiet der Lebenskunst zu üben?

In den Mysterien der Antike gehörten Prüfungen zum Weg der Einweihung (Initiation). Jaap van de Weg zeigt, dass sich Einweihung heute »auf der Straße« abspielt. Täglich können wir Prüfungen verschiedenster Art begegnen – und sie können durchaus als moderne Initiations-Erfahrung erlebt werden.

URACHHAUS

Adriaan Bekman

Self-Management

Die Kunst, den Alltag zu bewältigen
128 Seiten, kartoniert

Viele Menschen haben heute das Gefühl, nicht selbst zu leben, sondern gelebt zu werden. Abstrakte Systeme, undurchschaubare und unbeeinflussbare wirtschaftliche und soziale Entscheidungen wechselnder Regierungen verunsichern die Bürger zutiefst. Was gestern noch sicher und garantiert schien, gerät heute schon ins Wanken.

Gleichzeitig wächst die Möglichkeit globaler Kommunikation, wodurch die auf uns einstürmende Informationsflut ebenfalls wächst. Was ist wichtig, was ist entbehrlich? Was ist sicher, was relativ? Sind die Bedingungen, die uns heute tragen, morgen noch gültig? Wie schaffe ich es, inmitten dieses ständigen Wandels und der zunehmenden Strukturlosigkeit der Lebensverhältnisse meinen eigenen Standpunkt, meine persönliche Orientierung, meine Kraftquellen zu erhalten?

Dieses Buch eines erfahrenen Beraters vermittelt anhand vieler leicht nachvollziehbarer Beispiele, Anekdoten und Reflexionen Tips zum Erüben »praktischer Lebenskunst«, durch welche sich der Alltag besser bewältigen lässt.

URACHHAUS

Hellmuth J. ten Siethoff

Mehr Erfolg
durch soziales Handeln

Gesprächsführung, Konfliktlösung,
Gemeinschaftsbildung in Alltag und Beruf
211 Seiten, kartoniert

Aus seiner langjährigen Erfahrung gibt der bekannte Unternehmens- und Konfliktberater Hellmuth J. ten Siethoff eine Vielzahl von Hilfestellungen für den täglichen, mehr oder weniger schwierigen Umgang miteinander. Er beschreibt die Phasen der Gemeinschaftsbildung, macht Konfliktherde sichtbar, nennt konkrete vorbeugende Maßnahmen und erläutert die Grundregeln für effektive Gesprächsführung und faires Verhandeln. Er zeigt Lösungswege bei bestehenden Konflikten auf: Wie geht man damit um, wenn am Arbeitsplatz Konkurrenzkampf herrscht oder bei einer Partnerschaft plötzlich eine dritte Person ins Spiel kommt?
Immer ist der einzelne sozial gefordert. Bewähren kann sich nur, wer sein Handeln nicht vom bloßen Zufall, einer Laune oder rein persönlichen Interessen bestimmen lässt. Soziales Handeln stellt sich nicht von selbst ein – es muss bewusst geübt werden!

URACHHAUS

Mathias Wais

Biographiearbeit und Lebensberatung

Krisen und Entwicklungschancen
des Erwachsenen
390 Seiten, gebunden

Dieser umfassende Ratgeber ist eine Hilfe für den schöpferischen Umgang mit Lebensfragen, von Alltagsproblemen bis zu schweren Schicksalsschlägen. Ein auf anthroposophischer Grundlage arbeitender Biographie-Berater macht in diesem Buch den reichen Erfahrungsschatz seiner langjährigen Beratungspraxis fruchtbar.

»Das Buch zeichnet sich durch eine große Lebensnähe aus, es ist knapp gehalten und verständlich in einer wohltuend schlichten Ausdrucksweise geschrieben. Sein größter Vorzug besteht aber darin, dass es durchgehend in allen Teilen den Blick auf den werdenden, zukünftigen Menschen richtet.«

STIL

URACHHAUS

Manfred van Doorn

Universal Man

Urmotive der menschlichen Biographie
302 Seiten, kartoniert

Im Leben jedes Menschen gibt es typische Themen, universelle Grundmuster, die sich auf verschiedensten Ebenen immer wieder zeigen. Es sind Ur-Themen, die sich in den großen Weltreligionen und Mythen der Menschheit widerspiegeln.
Der Autor zeigt den Zusammenhang dieser Motive mit dem astrologischen Tierkreis, den Bildern der antiken Mytologie und den Phasen des menschlichen Lebenslaufs auf. Dabei bezieht er nicht nur die idelle, sondern auch die seelische und körperliche Ebene ein.

Aus dem Inhalt:

Chaos und Ordnung (Fische und Jungfrau): Der Wille zur Bindung und das Gefühl, auf der Erde willkommen zu sein. Das Sich-Festfahren in der Form / Kraft und Verletzlichkeit (Widder und Waage): Wort und Tat. Täter und Opfer. Sich öffnen und lauschen können / Wille und Bewusstsein (Stier und Skorpion): Entwicklung von Milde aus Grausamkeit / Schmerz und Genuss/ Der Partner als Prüfung / Polaritäten in Partnerbeziehungen / Geben und Nehmen. Gebrauchen und Missbrauchen / Die karmischen Ebenen von Beziehungen

URACHHAUS